# Oficinas Offices

Arquitectura y diseño

Designer & Design

H KLICZKOWSKI

# Oficinas Offices

Arquitectura y diseño Designer & Design

Dedicado al Dr. Joaquín Haedo Feliú **Dedicated to Dr. Joaquín Haedo Feliú**

H. A. K **H. A. K**

Idea y concepto/Idea and concept: **Hugo Kliczkowski & Paco Asensio**

Autora/Author: **Cristina Montes**

Edición y corrección/Copyediting: **Susana González**

Traducción al inglés/English translation: **Books Factory *Translations***

Dirección de arte/Art Director: **Mireia Casanovas Soley**

Diseño gráfico/Graphic design: **Emma Termes Parera**

Maquetación/Layout: **Soti Mas-Bagà**

Proyecto editorial/**Editorial project**

**LOFT** Publications
Via Laietana, 32 4° Of. 92
08003 Barcelona. Spain
Tel.: +34 932 183 099
Fax: +34 932 370 060
e-mail: loft@loftpublications.com
www.loftpublications.com

Impreso por/**Printed by:**
Anman Gràfiques del Vallès, Spain

Junio 2003/**June 2003**

ISBN: 84-96137-57-0
D.L.: B-17.563-03

La imagen convencional de un espacio de trabajo aburrido y gris ha pasado a la historia. Las nuevas necesidades exigen una renovación de estos ambientes y las exigencias actuales han propiciado que las oficinas hayan evolucionado considerablemente sobre todo en estos últimos años. La transformación que ha experimentado este tipo de instalaciones es tal que actualmente todo está permitido, al menos, en cuanto a concepción arquitectónica y soluciones decorativas se refiere. No existen límites y hoy es posible sorprenderse con propuestas innovadoras, divertidas y llenas de personalidad que se rigen por el ingenio, el mestizaje de estilos y el eclecticismo, aunque, eso sí, sin descuidar la idea de crear espacios que, además de ser visualmente atractivos y estar estéticamente cuidados, han de reunir los requisitos imprescindibles de funcionalidad y flexibilidad y garantizar la comodidad de quien los utiliza. No hay que olvidar que se trata de lugares en los que se desarrolla una actividad laboral durante un considerable número de horas al día. Sin duda, los cambios estéticos, constructivos y arquitectónicos han influido en esta transformación, pero también los avances tecnológicos, informáticos y de seguridad han sido factores clave de esta evolución.

La oficina posee unas características formales propias que determinan la manera de entender el espacio. La distribución física del puesto de trabajo tiene un profundo efecto en la productividad personal, razón por la que no puede dejarse al azar. Simples cambios como la ubicación de los implementos o el teléfono, la disposición de una zona de trabajo bien equipada o cuidado del entorno en el que el empleado va a desempeñar sus tareas puede ayudar a un mayor rendimiento.

OFICINAS, ARQUITECTURA Y DISEÑO presenta una cuidada selección de instalaciones que materializan la idea de lo que son los nuevos espacios de trabajo. Oficinas cuyo diseño se debate entre los recursos más vanguardistas y atrevidos y las soluciones más funcionales y eficaces. Se ha hecho una selección de la mejor representación de estos nuevos espacios. Los innovadores lugares que se proponen desde estas páginas para mostrar las últimas tendencias en este campo pretenden ofrecer, también, buenas ideas .

En esta obra, en la que aparecen sólo algunas de los mejores proyectos del momento, ya que el volumen de buenos trabajos es tan considerable que mostrarlos todos sería imposible, se sugiere un recorrido por las oficinas más interesantes de los más prestigiosos arquitectos actuales. Frank O. Gehry, Koen van Velsen, GCA Arquitectos, Shubin + Donaldson, Mariano Martín, Nicholas Grimshaw, Claesson Koivisto Rune Arkitektkontor o Álvaro Siza son sólo algunos de los grandes nombres de la arquitectura que se pasean por estas páginas. Profesionales que han puesto su imaginación y su talento en el diseño de estos nuevos espacios. Los proyectos seleccionados se incluyen porque asumen las particularidades de una época y también son un fiel reflejo de las empresas a las que pertenecen.

El resultado es un libro lleno de ingenio, maestría y soluciones que pone al alcance de todos las claves para descubrir cómo serán las oficinas del futuro. Un futuro que llama con insistencia a la puerta.

The conventional image of an old gray and boring work place, is now part of the past. New needs have necessitated a renovation of these work environments and new demands have determined the significant evolution of offices, especially, in most recent years. This type of environment has experienced such a transformation that it has reached the point where everything goes, at least in regards to architectural conception and decorative solutions are concerned. There seem to be no limits. Nowadays we are surprised by innovative entertaining projects that are full of personality and which are guided by ingeniousness, a mixture of styles and eclecticism. Even so, these visually attractive and aesthetically refined spaces must fulfil the essential requirements of functionality and flexibility, and guarantee the comfort of those that work therein. We must not forget that these are places where people must carry out their work for quite a considerable number of hours per day. Undoubtedly, aesthetic, construction and architectural changes have influenced this transformation. But at the same time, advances in technology, information technology and security, have been key factors in this evolution as well.

Offices have formal characteristics which determine the concept of space there. The physical distribution of the work space significantly effects productivity and this is why it cannot be left to chance. Simple modifications such as the placement of work tools or the telephone, a well-equipped and neat work area, or not, may afford higher work performance.

OFFICES. ARCHITECTURE AND DESIGN is a careful selection of new office spaces that are daring and avant-garde, and at the same time, functional and efficient. These innovative places show the latest tendencies and excellent ideas.

This work is limited to only some of the best contemporary projects, as an exhaustive collection would be impossible given the high number of fine works. This book is a visit to the most interesting offices where the most prestigious present-day architects such as Frank O. Gehry, Koen van Velsen, GCA Arquitectos, Shubin + Donaldson, Mariano Martín, Nicholas Grimshaw, Claesson Koivisto Rune Arkitektkontor or Álvaro Siza, have put their imagination and talent to use. Their projects were selected because they were both a true reflection of this period, and of the companies for which they work.

The fruit of this selection of projects is a book that is full of ingeniousness, mastery and solutions, which provides us with the keys to discovering the offices of the future. This is a future which is already knocking at our door.

## Sony Music Sweden Claesson Koivisto Rune Arkitektkontor

Sony es una de las mayores compañías discográficas del mundo y Sony Music Sweden es la más grande de toda Suecia. Sus instalaciones se encuentran localizadas en el centro de Estocolmo y ocupan un antiguo edificio convenientemente remodelado y rehabilitado que había sido una iglesia. Se trata de una construcción de seis pisos cuyos techos presentan una considerable altura. La arquitectura interior se ha articulado alrededor de una escalera que organiza visual y físicamente el espacio. La rehabilitación ha insistido en alejarse de las características formales y funcionales que definen la clásica tipología de las compañías discográficas y se ha empeñado en proyectar un espacio moderno cuya organización se basa en una concienzuda y eficaz comunicación interna.

Las soluciones constructivas empleadas para este propósito son un híbrido que se sitúa en la dicotomía de abierto/cerrado. De este modo se combinan con total naturalidad espacios cerrados –salas de conferencias, de reunión, de sonido– y áreas totalmente abiertas en las que se instalan las zonas de trabajo. Falsas paredes, vitrinas y paneles son los elementos que dividen y separan el espacio en estas áreas de trabajo abiertas destinadas a acoger los diferentes departamentos de la compañía.

Lo que más llama la atención es un gran espacio abierto a partir del cual se organizan todas las zonas. Dos escaleras longitudinales comunican los diferentes niveles a la vez que visualmente se logra configurar un espacio en constante cambio, ya que las líneas de visión se abren y cierran de manera repetida. Si bien la composición arquitectónica es compleja, los detalles resultan tremendamente sencillos. Materiales simples, sin revestimientos, frisos visibles sujeciones de vidrio son algunos de los elementos que ayudan a crear ese atractivo contraste.

**Arquitectos:** Claesson Koivisto Rune Arkitektkontor
**Fotógrafo:** Ake E:son Lindman
**Ubicación:** Estocolmo, Suecia
**Fecha de construcción:** 1999
**Superficie:** 1.500 m²

## Claesson Koivisto Rune Arkitektkontor Sony Music Sweden

Sony is one of the largest record companies in the world and Sony Music Sweden is one of the largest in all of Sweden. Located in the center of Stockholm, the premises occupy an old former church building which has been duly remodeled and rehabilitated. It is a six-storey building with relatively high ceilings. The interior design is organized around a staircase which physically and visually orders the space. The rehabilitation tried to avoid the formal and functional characteristics of the classical typology of a record company. Instead, an attempt was made to design a modern space with an organization based on the premise of a well-thought-out and efficient internal communication.

The construction solutions employed to carry out the project are a hybride which could be exemplified by the open-closed dichotomy. Thus, in a completely natural way, closed spaces such as conference rooms, meeting rooms and sound rooms, are combined with totally open zones in which work areas may be set up. False ceilings, glass and panels are elements which are used to divide and separate the space in these open work areas, where the different departments of the company will be set up.

What most captures your attention, is the vast open space around which all of the other zones are organized. Two longitudinal staircases communicate the different levels, while at the same time outline a constantly changing space, as your lines of vision repeatedly open and close. Whereas the architectural compostion is complex, the details turn out to be extraordinarily simple. Simple unclad materials and visible glass supports, are just a few of the elements which help to create this contrast.

**Architect:** Claesson Koivisto Rune Arkitektkontor
**Photography:** Ake E:son Lindman
**Location:** Stockholm, Sweden
**Date of construction:** 1999
**Area:** 16,129 sq. ft.

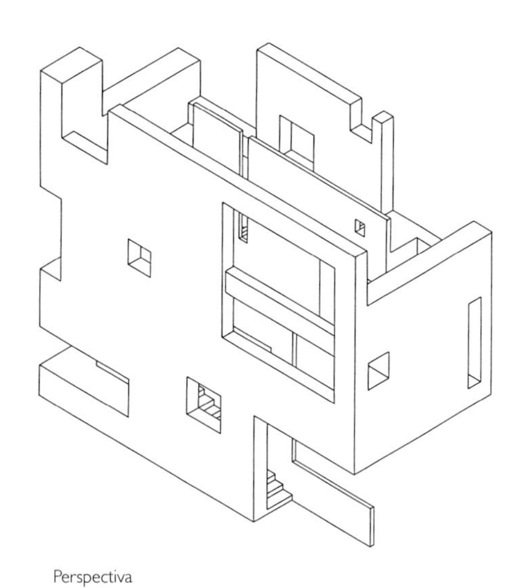

Perspectiva

**Perspective**

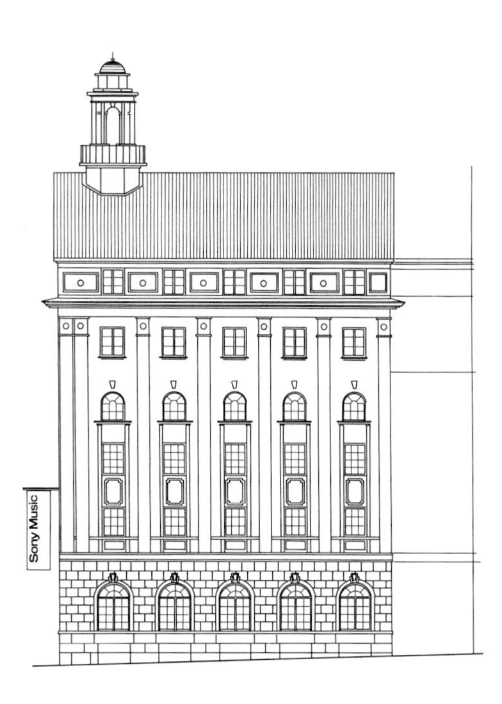


Alzado

**Elevation**

0 2 4

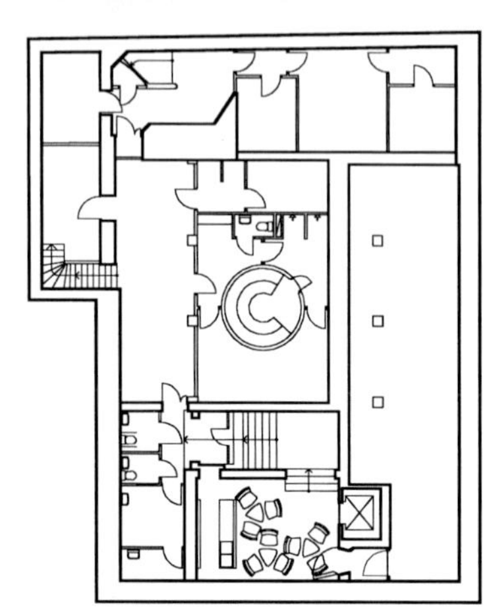

Planta baja

Ground floor

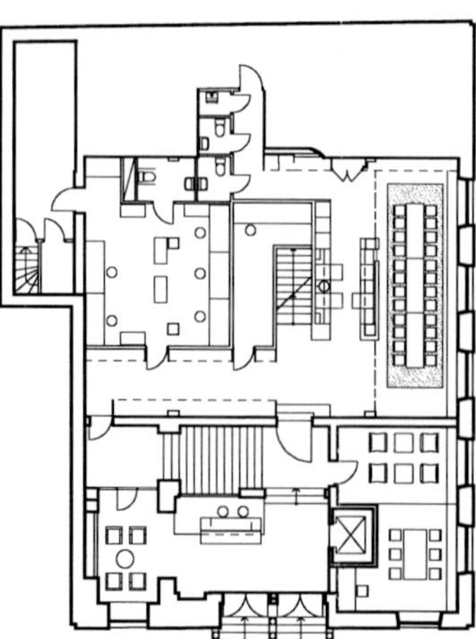

Primer piso

First floor

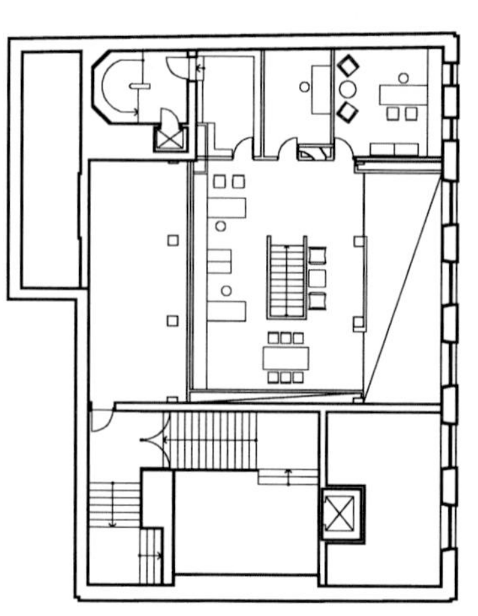

Segundo piso

Second floor

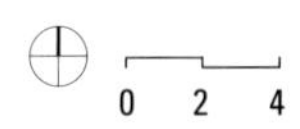

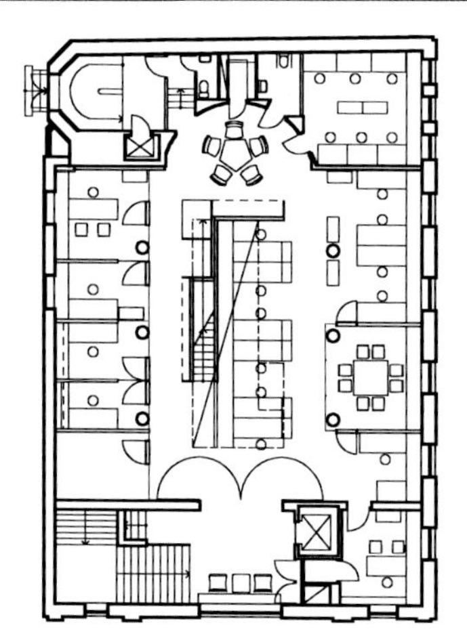

Cuarto piso
**Fourth floor**

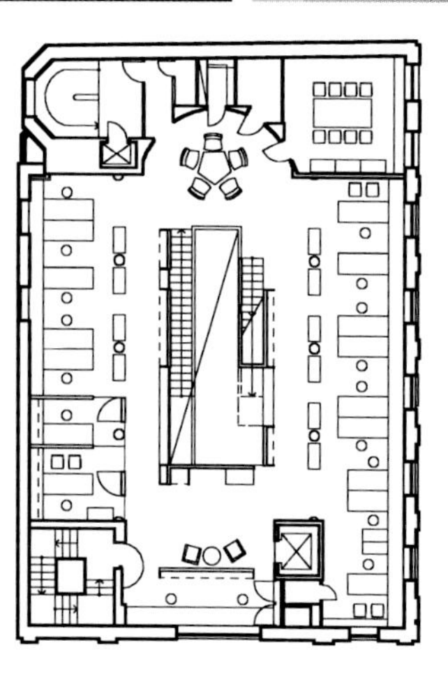

Quinto piso
**Fifth floor**

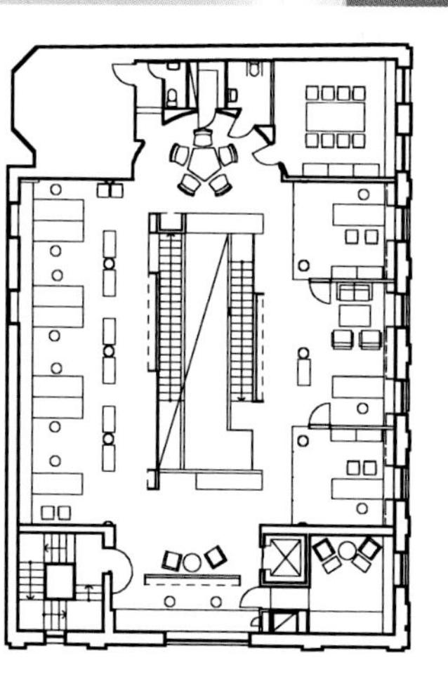

Sexto piso
**Sixth floor**

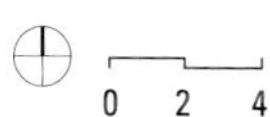

El inevitable caos a que se puede llegar en las áreas de trabajo contrasta con la calma y el orden arquitectónico, que recorren el espacio y que vienen potenciados por la neutralidad del blanco.

**The unavoidable chaos that may occur in the work areas, contrasts with the calm and architectural order all throughout, and which is strengthened by the neutrality of the color white.**

Como si de un gran puzzle blanco se tratara, en el que cada una de sus partes encaja a la perfección, el mobiliario se reparte en los interiores poniendo una fresca, dinámica y llamativa nota cromática.

**As if it were a giant white puzzle where each piece fits in perfectly, the furniture divides up the interior and adds a fresh, dynamic and striking chromatic touch throughout it.**

# Iwin.com Shubin + Donaldson Architects

Penetrar en las instalaciones de la compañía Iwin.com es entrar en un espacio fascinante y lleno de vitalidad, frescura y dinamismo. Cuando Iwin.com –una joven empresa dedicada a internet y al diseño de páginas web– decidió cambiar de local, solicitó a Shubin + Donaldson un nuevo espacio que reflejara fielmente su actividad. Debía ser un lugar flexible, divertido y dinámico y su diseño arquitectónico tenía que adaptarse a las necesidades de la empresa. Dibujar espacios en los que la plantilla de ingenieros, programadores, comerciales y ejecutivos pudieran desempeñar sus tareas laborales de la manera más cómoda posible y en un ambiente distendido y moderno era el objetivo principal.
Por decisión de los clientes, el espacio se trató siguiendo la filosofía de un loft. Es decir, generosas áreas abiertas, diáfanas y continuas a las que se aplicó un tratamiento industrial. Se creó una atmósfera cambiante y dinámica en la que, además de las necesarias zonas de trabajo, salas de reuniones y conferencias, cabían un almacén, una cocina y una sala de masajes.
Para aprovechar la luz natural se abrió el espacio alrededor del perímetro. Unos paneles de plexiglás de variados colores acentúan la estética industrial de los materiales que se han empleado para las soluciones constructivas y confieren al ambiente un aire informal, juvenil y divertido. Una escalera interior se convierte en el nexo de unión entre los dos niveles de la construcción; a ambos lados, un muro verde y gigantescos paneles que alternan el amarillo, el naranja y el blanco y que cubren de suelo a techo los ventanales.
En las zonas de trabajo el blanco, el aluminio y el verde ácido brillante (el color corporativo de la compañía) son los protagonistas absolutos.

**Arquitectos:** Shubin + Donaldson Architects
**Fotógrafo:** Tom Bonner
**Ubicación:** Los Ángeles, Estados Unidos
**Fecha de construcción:** 2002
**Superficie:** 2.604 m²

# Shubin + Donaldson Architects Iwin.com

To step into the premises of the company Iwin.com, is to enter into a fascinating space full of vitality, freshness and dynamism. When Iwin.com, a young company that worked with internet and was a designer of web pages, decided to change offices, they charged Shubin + Donaldson with the task of providing them with new premises which faithfully reflected their activity. It was essential that they be flexible, entertaining and dynamic. Likewise, the architectural design would have to be adaptable to the needs of the company. The primary objective was to provide spaces where the engineers, programmers, commercial staff and executives, could carry out their workday in the most comfortable way, and in a relaxed and modern setting.
By decision of the clients, a loft philosophy was adopted regarding the way the space was dealt with. Consequently, vast, open, diaphanous and continuous spaces were planned and dealt with, in an industrial way. An atmosphere which was both variable and dynamic was created. In it were placed work areas, and meeting and conference rooms. Likewise, a warehouse, kitchen and massage parlour, were fit in.
To take advantage of natural light, the space around the perimeter was opened up. The multicolored plexiglass panels used, accentuate the industrial aesthetics of the construction materials, while at the same time, endow it with an informal, juvenile and entertaining air. An interior staircase is the nexus of union between the two levels. On both sides there is a green wall and gigantic alternating yellow, orange and white panels, which go from floor to ceiling, and cover the large windows.
In the work areas, white, aluminum and bright acid green (the corporate color of the company), stand out unchallenged.

**Architects:** Shubin + Donaldson Architects
**Photography:** Tom Bonner
**Location:** Los Angeles, California, US
**Date of construction:** 2002
**Area:** 28,000 sq. ft.

La escalera interior juega con paneles translúcidos y opacos en los que atrevidas combinaciones cromáticas configuran un espacio moderno y divertido entre nivel y nivel.

**The interior staircase plays with translucent and opaque panels, where daring chromatic combinations, make up a modern and entertaining space between each level.**

La recepción, donde también se repite la idea de los paneles de color, es un espacio abierto y fresco en el que se ha empleado un mobiliario contemporáneo en blanco y negro.

**Reception, where once again the idea of colored panels is used, is an open and fresh space. It is furnished with contemporary black and white furniture.**

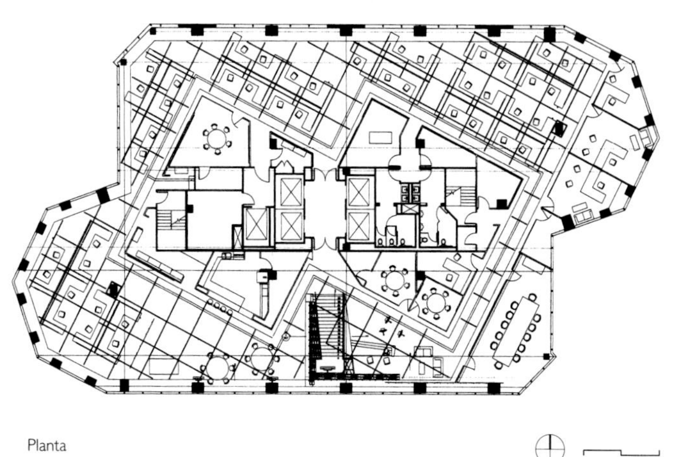

Planta

**Plan**

SONY

## Dalton´s Digital Brothers Mariano Martín Domínguez

La actividad profesional que se desarrolla en la Dalton's Digital Brothers –especializada en cine publicitario– y las características formales del espacio –alargado, en chaflán y con unas óptimas condiciones de iluminación– fueron elementos clave en la reforma llevada a cabo por Mariano Martín. El arquitecto resolvió la demanda con un programa perfectamente definido en el que la funcionalidad y el atractivo estético van de la mano sin hacerse sombra.
La necesidad de disponer de diversas salas destinadas a las diferentes fases del montaje y la edición de vídeos –cada una con sus requisitos propios de insonorización, climatización, control de iluminación (tanto natural como artificial)– marcó desde un principio la intervención, que además de resolver estos espacios concretos debía proyectar una recepción, una sala de espera, una zona administrativa, una sala de posproducción y una cocina comedor que se emplea, también, como área de carga y descarga.
Las soluciones arquitectónicas ideadas conciben el local como una gran caja blanca organizada a conciencia que permite albergar sin problemas tanto las zonas de servicio como las de trabajo. Un gran volumen gris con paramentos verticales de cemento bruñido que dejan a la vista el hormigón armado de los pilares existentes define los interiores. Como cerramiento de las salas de edición, montaje, dirección y archivo se construyó un mueble de hierro oxidado de 2,50x30 m que más tarde fue insonorizado y cuyo interior puede ser empleado como armario.
Las dos zonas de administración se cerraron con cristal a fin de garantizar la entrada de luz natural al pasillo de acceso. En ambas se emplea como falso techo un trámex (emparrillado) de acero galvanizado, a diferencia del resto del local, donde se deja toda la altura libre y las instalaciones de climatización e iluminación, visibles.

**Arquitecto:** Mariano Martín Domínguez
**Fotógrafo:** Eduardo Sánchez López
**Ubicación:** Madrid, España
**Fecha de construcción:** 2001
**Superficie:** 386 m²

## Mariano Martín Domínguez Dalton´s Digital Brothers

The professional activity carried out in Dalton's Digital Brothers, who specialize in publicity filmmaking, and the formal characteristics of the space, elongated, on a corner and affording optimal light conditions, were the keys to the remodeling undertaken by Mariano Martín. He fulfilled the demands of the commission with a project where, functionality and aesthetic beauty, go hand in hand.
The need to provide different rooms for different phases of making and editing videos, with each room having its own acoustics, temperature control, and light (both natural and artificial) requirements, dictated the rehabilitation from the outset. Furthermore, a reception, waiting and administrative area, a post-production room, a kitchen-dining room doubling as a loading and unloading area, had also to be incorporated into the plan. The architectural solution conceived a local which was like a well-organized white box, which could comfortably house both the service and the work zones. A description of the interior would be that of a large gray volume with vertical parameters, made of polished cement, where bare reinforced concrete pillars are in full view. A rusted 83x100 feet iron structure served as an enclosure for the editing, filmmaking, top management and archive rooms. Later, it was soundproofed and also afforded space for closet storage.
The two administrative areas were enclosed in glass thus providing a source of natural light to the access hallway. In both areas a galvanized steel grid was installed as a false ceiling, in contrast to the rest of the local where, the entire ceiling height is left open, and the heating, air-conditioning and light installations are visible.

**Architect:** Mariano Martín Domínguez
**Photography:** Eduardo Sánchez López
**Location:** Madrid, Spain
**Date of construction:** 2001
**Area:** 4,150 sq. ft.

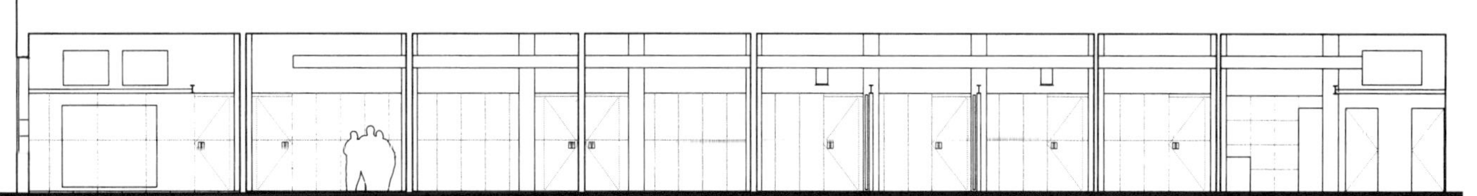

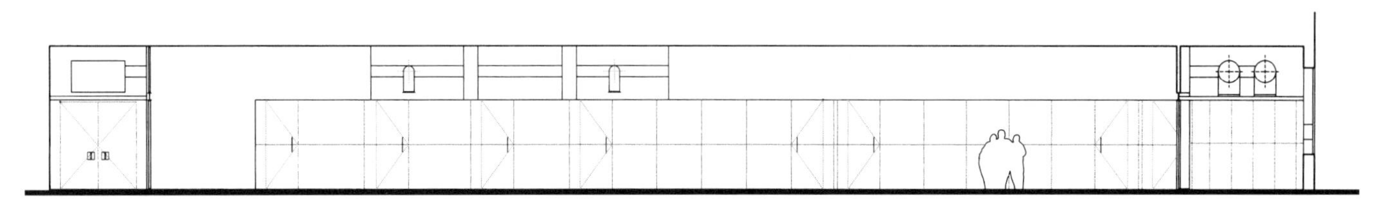

Secciones longitudinales

Longitudinal sections

La instalación de electricidad se ha efectuado a través de una canaleta de acero galvanizado empotrada en el pavimento de hormigón que recorre todas las salas de montaje.

**A galvanized steel gutter, set into the concrete floor, houses the electrical installation and takes it to all of the filmmaking and editing rooms.**

Se ha elegido un mobiliario de hierro y cristal para las salas situadas en el primer eje, y para los espacios ubicados en el segundo se mantiene el hierro pero combinado con madera de haya.

**For the rooms situated on the first axis, iron and glass furniture was chosen. For those situated on the second axis, iron was maintained but it was combined with beechwood.**

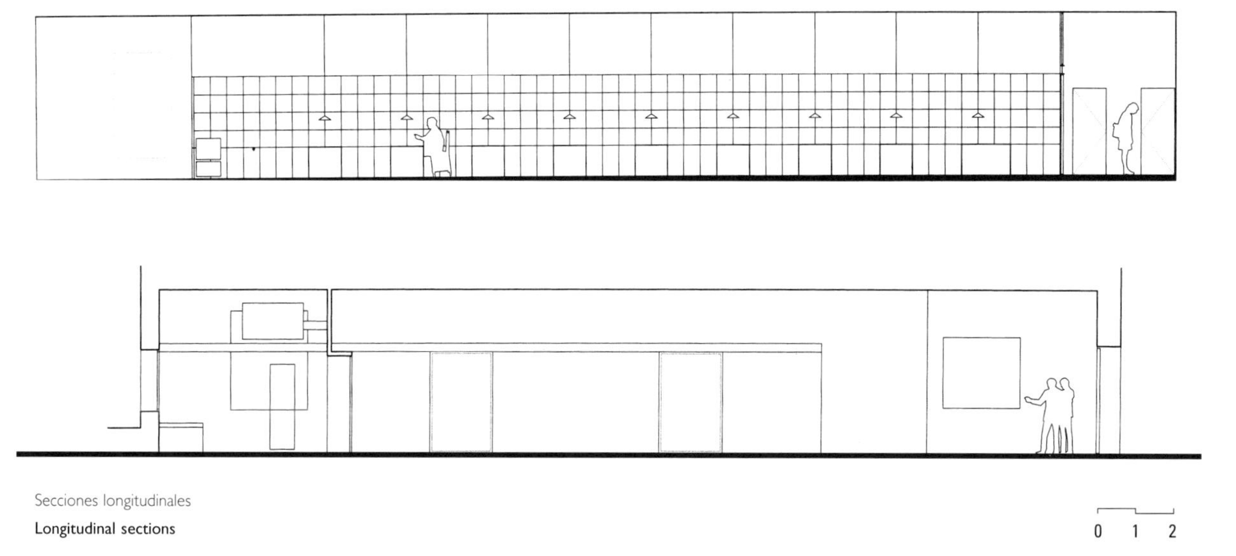


Secciones longitudinales

Longitudinal sections

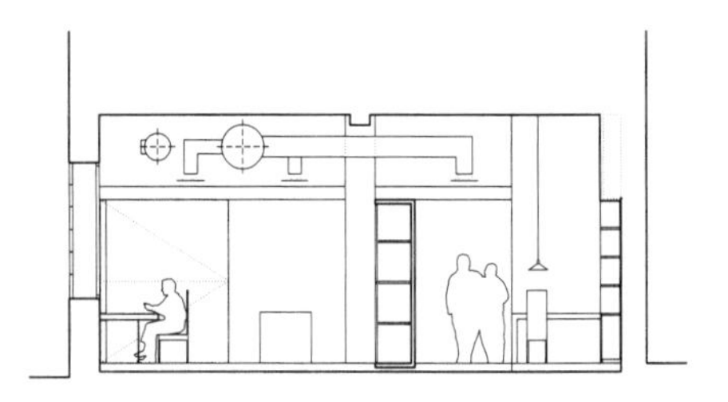

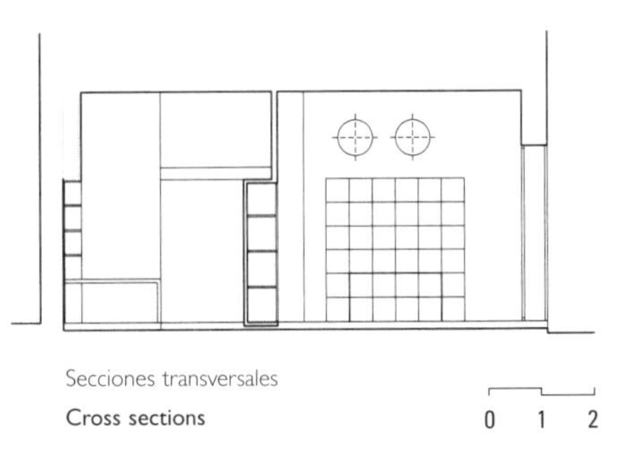

Secciones transversales

Cross sections



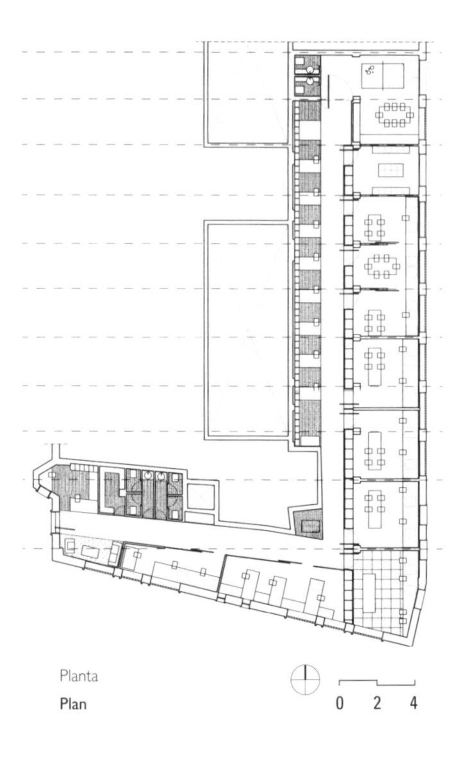

Planta

Plan

Se ha habilitado un espacio polivalente destinado a sala de descanso que se utiliza indistintamente como cocina, comedor y zona de carga y descarga.

A multiuse space designed as a rest area, was provided. It can be used as a kitchen, dining room and a loading and unloading area.

# Mindfield Shubin + Donaldson Architects

La galardonada y prestigiosa agencia de publicidad Ground Zero eligió al mismo equipo que había diseñado sus oficinas para acometer un proyecto de expansión, Mindfield, una compañía de posproducción para la cual Shubin+Donaldson han ideado estos futuristas y singulares espacios. Las instalaciones debían albergar seis estudios de edición, una recepción, una cocina y diversas salas de reuniones. Las áreas destinadas a posproducción ocupan un edificio adyacente a la sede de Ground Zero.
Ambos edificios se encuentran separados por un callejón, un elemento que se integra perfectamente en el conjunto arquitectónico y le otorga una imagen unitaria al conservar detalles de diseño que lo convierten en un eje visual y físico de unión entre ambos, aunque no el único.
Se han incluido intencionadamente otros elementos de diseño para ayudar a conseguir una imagen de homogeneidad entre las dos empresas y lograr una consistencia conceptual. Una repetición rítmica de una retícula de metal conforma una singular espina dorsal, un túnel que conduce hasta el interior del espacio y facilita la circulación. El programa concibe los espacios de trabajo como planos abiertos y áreas continuamente comunicadas e intersectadas por muros metálicos de aluminio anodizado, madera, acero y paneles acrílicos, todo con aires futuristas e industriales acentuados por una gama cromática muy fría y una singular y teatral iluminación en determinadas zonas.
La decoración de los interiores –con un mobiliario ergonómico y vanguardista– genera un atractivo juego visual entre el excentricismo y las reminiscencias futuristas. A partir de atrevidas y acertadas combinaciones de texturas y materiales se hace realidad un espacio contemporáneo y dinámico.

**Arquitectos:** Shubin + Donaldson Architects
**Fotógrafo:** Tom Bonner
**Ubicación:** Marina del Rey, California, Estados Unidos
**Fecha de construcción:** 2000
**Superficie:** 1.860 m²

# Shubin + Donaldson Architects Mindfield

The award-winning, prestigious publicity agency, Ground Zero, undertook an expansion plan called Mindfield, which would be a postproduction company. They commissioned Shubin + Donaldson, the same company that had designed their offices, to elaborate this futuristic and singular design. The project entailed housing six editing studios, a reception area, a kitchen and diverse meeting rooms. The postproduction areas were to be set up in a building adjacent to the Ground Zero headquarters. Both buildings are separated by an alley which is beautifully integrated into the architectural ensemble. While maintaining design details, it grants it a unitarian image. Likewise, it takes on the role of visual and physical axis, and the nexus of union, though not the only, between the two.
Other design elements were purposely included in the attempt to attain homogeneity between the two companies, and conceptual consistency. The rhythmical, serial repetition of a metal reticle, forms a singular spinal column, which is a tunnel that leads to the interior of the space and facilitates communication. The work areas are designed as open planes which are continually intersected by walls made of anodised aluminum, wood, steel and acrylic panels. It is accentuated with a cold chromatic range, and has a futuristic and industrial air to it. The singular and theatrical illumination in some areas, adds to this.
The interior decoration, with ergonomic and avant-garde furniture, exhibits an attractive visual interplay of excentricism and futuristic reminiscences. Based on daring but effective combinations of textures and materials, a dynamic and contemporary space is created.

**Architects:** Shubin + Donaldson Architects
**Photography:** Tom Bonner
**Location:** Marina del Rey, California, US
**Date of construction:** 2000
**Area:** 20,000 sq. ft.

Los llamativos volúmenes constructivos de la entrada son un agradable presagio de las soluciones y los recursos decorativos empleados en los interiores, donde las combinaciones de materiales y texturas dan como resultado una personal estética futurista.

**The striking volumes constructed at the entrance are a pleasant presage to the decorative solutions and recourses to be found inside, where the combinations of materials and textures, afford a personal futuristic aesthetic.**

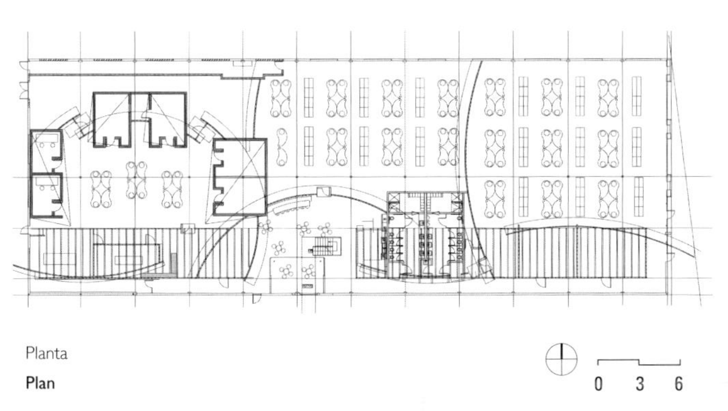


Planta

**Plan**

La recepción se ha resuelto con una mesa semicircular de estructura metálica y tablero de cristal que lleva la iluminación incorporada al estar atravesada por un pie metálico del que queda suspendida la lámpara. La frialdad de estos materiales contrasta con las vigas y columnas de madera.

**Reception is furnished with a semicircular metal table, and a glass notice board with illumination incorporated. This is by means of a metal leg, from which a lamp hangs. The coldness of these elements contrasts with the wooden beams and columns.**

En las salas de edición se ha optado por un mobiliario ergonómico y funcional. Los materiales y las tonalidades empleados son más cálidos y acogedores que en otras estancias.

In the editing rooms the choice was for ergonomic and functional furniture. The materials and the tones are warmer and more comfortable than in other rooms.

# Media Authority Koen van Velsen

El arquitecto Koen van Velsen, responsable de proyectar este edificio de oficinas que acoge la sede de Media Authority, demuestra nuevamente con esta construcción su reconocida habilidad como coherente maestro de la discreción, el minimalismo y la abstracción. Una de las claves que definen su trabajo es que, lejos de intentar cultivar una estética personal, Van Velsen se enfrenta a cada nuevo proyecto como si se tratara del primero, analizando cuáles son las necesidades del cliente y en qué contexto se va a enclavar el edificio.
El objetivo en este caso era trazar una construcción equilibrada que recogiera tanto en sus formas como en su contenido el sentido de creatividad, calidad y estilo que el cliente exigía. Había que diseñar un programa impregnado del espíritu de la empresa a la vez que se redefiniera la naturaleza del espacio de trabajo y se creara un modelo para el nuevo siglo y el nuevo desarrollo. Situado en medio de un privilegiado enclave natural, el complejo se aprovecha del paisaje que lo envuelve y lo hace partícipe de su arquitectura. Esta sugerente confrontación entre elementos consigue que la serenidad y la armonía que transmite el entorno natural se refleje en las formas del edificio, que respiran también tranquilidad y sosiego.
La integración de la naturaleza en el edificio se consigue gracias a una exquisita pureza plástica. Para contrarrestar las rígidas líneas geométricas de sus volúmenes y suavizar los trazos se emplea la transparencia y fragilidad del vidrio y los perfiles metálicos combinados con madera. La decisión de concebir parte de las fachadas como paredes transparentes permite, además de comunicar visualmente interior y exterior, aprovechar las ventajas de la luz natural. En los interiores se juega con conceptos antagónicos, con las combinaciones cromáticas y las texturas.

**Arquitecto:** Koen van Velsen
**Fotógrafo:** Duccio Malagamba
**Ubicación:** Hilversum, Holanda
**Fecha de construcción:** 2001
**Superficie:** 2.048 m²

# Koen van Velsen Media Authority

The architect, Koen van Velsen, commissioned to project this office building for the headquarters for Media Authority, once again demonstrates his well-reknown expertise as master of discretion, minimalism and abstraction. One of the keys to his work is that far from cultivating his own personal aesthetic, he tackles each new project as if it were his first, and analyzes the needs of the client and the setting, where the edifice will be fitted in.
His objective was to design a balanced construction which would bring together in form and in content, the sense of creativity, quality and style that the client demanded. The design would have to be imbued with the spirit of the company while at the same time redefine the nature of the work space, and create a model for the new century and new development. Located in a privileged natural enclave, the complex makes use of the landscape and allows it to be part of the architecture. This evocative clash between elements, allows the serenity and harmony of the surrounding landscape to be reflected in the forms of the building, which radiates a sense of tranquility and calm.
Nature is integrated into the building thanks to the exquisite plastic purity. To counteract and subdue the rigid geometric lines of the volumes, they make use of the transparency and fragility of glass and the metal frames are combined with wood. The decision to conceive some of the façades as transparent walls, allows interior and exterior to be communicated visually and likewise, takes advantage of the beauty of the natural light. In the interiors, with the chromatic combinations and combinations of textures, we find the interplay of clashing concepts.

**Architect:** Koen van Velsen
**Photography:** Duccio Malagamba
**Location:** Hilversum, Holland
**Date of construction:** 2001
**Area:** 22,021 sq. ft.

La verticalidad de los árboles que atraviesan literalmente parte de los techos del edificio, contrasta con las líneas horizontales y rectilíneas de la construcción. El resultado son unos volúmenes de gran fuerza expresiva enfatizada por la fragilidad del vidrio y la acertada iluminación empleada.

The verticality of the trees which literally split open part of the roofs of the building, is in contrast to the horizontal and rectilinear construction of the building. As a result, we are afforded volumes with great expressiveness, that are accentuated by the fragility of the glass and the well-chosen lighting.

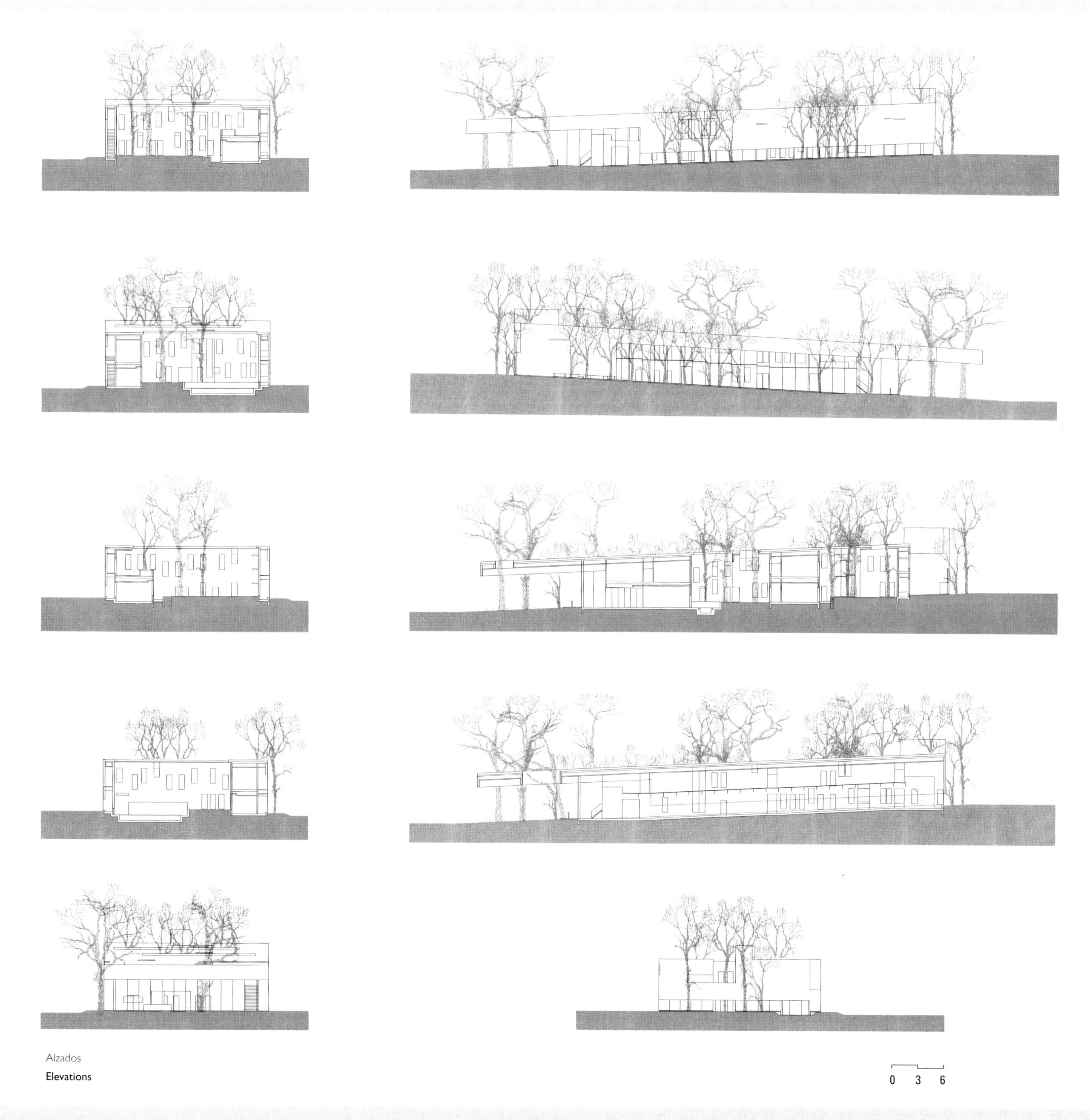


Alzados

Elevations

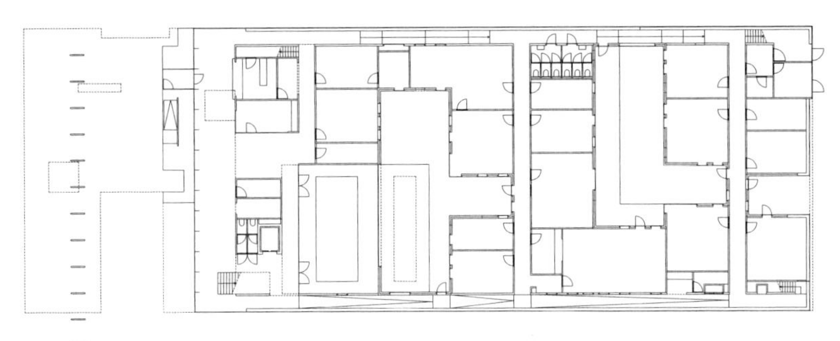

Planta baja

**Ground floor**

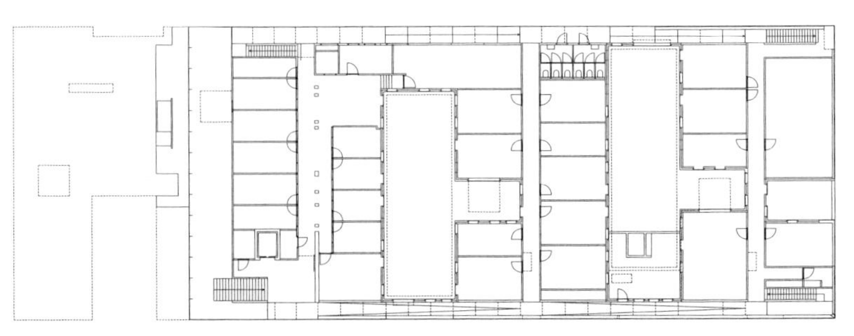

Primer piso

**Second floor**

0 2 4

Muros transparentes de cristal recorren parte de las fachadas, una solución constructiva que integra el entorno al edificio y permite que las fronteras se diluyan y la luz natural penetre por todos los rincones.

**Transparent glass walls cover part of the façades. This construction solution integrates the surroundings with the building, and allows the boundaries between the two, to be downplayed. It also permits natural light to shine in everywhere.**

La naturaleza sigue estando presente en el interior. Visualmente, gracias a las paredes de vidrio y materialmente, con la elección de elementos naturales como parte de la decoración.

**Nature continues omnipresent in the interior both visually, thanks to the glass walls, and materially, by way of the natural elements used in the decoration.**

Para contrarrestar la pureza y frialdad del blanco, tonalidad elegida para la mayoría de las paredes y los techos, se ha optado por incluir en zonas concretas pinceladas de diversos colores (rojo intenso, amarillo y azul) que otorgan vitalidad y frescura al ambiente.

To offset the purity and coldness of white, the color chosen for the majority of the walls and ceilings, they decided to add touches of other diverse colors (bright red, yellow, blue) which endows the atmosphere with vitality and freshness.

# Octagon Francesc Rifé

El interiorista Francesc Rifé firma la rehabilitación y reforma de estas oficinas –ubicadas en el Alt Penedès catalán– que ha conseguido transformar un edificio del siglo XIX en un vanguardista y moderno espacio en el que se mantiene la esencia arquitectónica del pasado y se renuevan los interiores para adaptarlos a las necesidades presentes y la actividad que en ellos se desarrolla.
Inicialmente la construcción se concibió para ser empleada como museo, con los años pasó a ser una biblioteca y en la actualidad alberga la sede de Octagon, empresa dedicada a consutoría, marketing y preparación de celebraciones de carácter deportivo y que forma parte de una red internacional con sede europea en Londres. Los 1.500 m² que componen el edificio se distribuyen en dos naves unidas por un cuerpo central. Es precisamente en este volumen donde se ha ubicado una escalera que comunica verticalmente ambos espacios.
La intervención se encaró con la idea de mantener al máximo la estructura arquitectónica existente –básica a la hora de distribuir y organizar las nuevas zonas proyectadas– y ha conservado techos y suelos allí donde ha sido posible. Esto no ha impedido que se haya logrado integrar con fluidez los restos del pasado con las nuevas soluciones constructivas empleadas. Se ha optado por dibujar un espacio interior visualmente ordenado y limpio en el que el contraste entre elementos radicalmente opuestos y diferenciados desempeña un papel importante.
La fuerza cromática del rojo que salpica algunas paredes, techos y paneles de separación y que contrasta con la pureza y frialdad del blanco, las estructuras metálicas, los suelos flotantes de madera o la simplicidad del mobiliario empleados se complementa con las reminiscencias de antaño y configuran una atractiva diversidad estética. La belleza formal era importante pero no tanto como la funcionalidad; por ese motivo, el conjunto se completa con un mobiliario vanguardista de trazos escuetos y líneas depuradas diseñado por el propio interiorista que permite realzar y otorgar protagonismo a la arquitectura.

**Arquitecto:** Francesc Rifé
**Fotógrafo:** Eugeni Pons
**Ubicación:** Sant Sadurní d'Anoia, Barcelona, España
**Fecha de construcción:** 2002
**Superficie:** 1.500 m²

# Francesc Rifé Octagon

The interior designer, Francesc Rifé, was in charge of the rehabilitation and remodeling of these offices located in the Catalan region of Alt Penedès. He accomplished the transformation of a nineteenth century building into an avant-garde and modern space that conserves its architectural essence from the past while at the same time it it renovates the interiors in order to adapt them to the needs of the present and to the activities that must be carried out there.
The initial design was projected to be a museum. Some years later, it became a library and presently, it is home to the headquarters of Octagon. Octagon is a company engaged in consulting, marketing and sets up celebrations of events of a sports-like character. It is part of an international network with its European headquarters in London. The construction consists of two nave-like structures joined by a central body between the two, and has a total area of 16,130 square feet. In this central volume there is a staircase which vertically communicates the two spaces. The architects approached the restoration with the idea of preserving the existing architectural structure as much as possible which guided them in the distribution and organization of the newly projected spaces. Thus, they conserved ceilings and floors whenever possible. This did not prove to be an impediment to integrating elements from the past with new construction solutions. They chose to create a visually ordered and clean space where the contrast between radically opposing and differentiated elements, comes to the forefront. The chromatic strength of the color red that dots some of the walls, ceilings and separation panels and which contrasts with the purity and coldness of white, the metal structures, the parquet floors, or the simplicity of the furniture, is a compliment to the reminiscences from yesteryear.

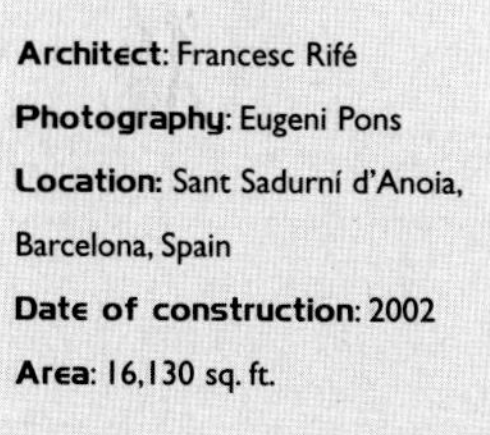

**Architect:** Francesc Rifé
**Photography:** Eugeni Pons
**Location:** Sant Sadurní d'Anoia, Barcelona, Spain
**Date of construction:** 2002
**Area:** 16,130 sq. ft.

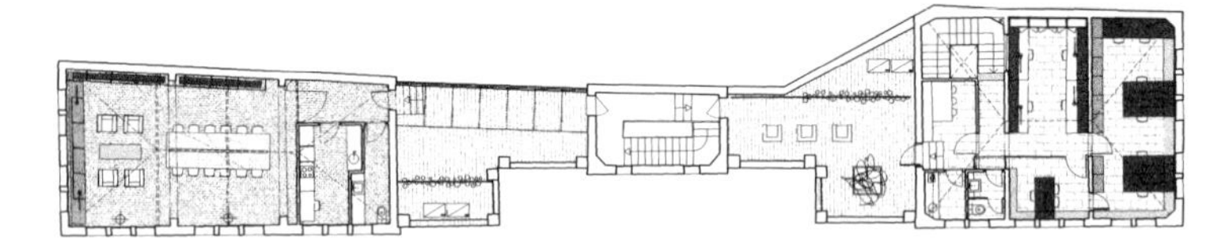

Segundo piso

**Third floor**

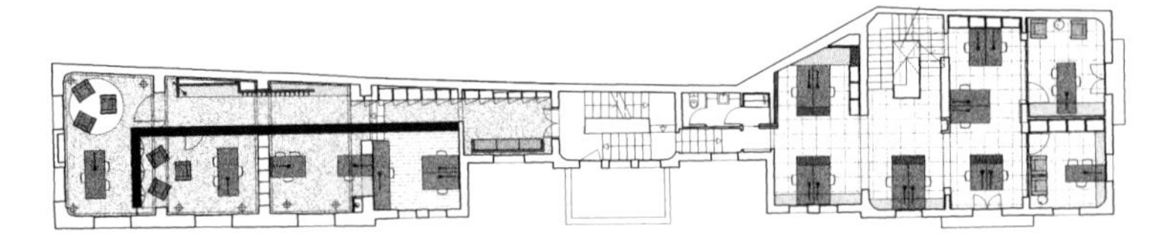

Primer piso

**Second floor**

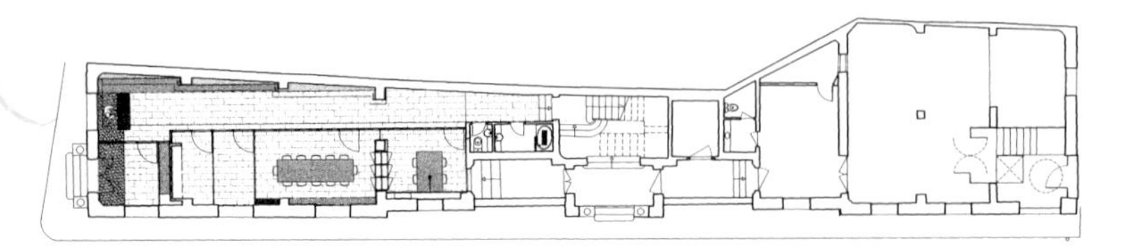

Planta baja

**Ground floor**

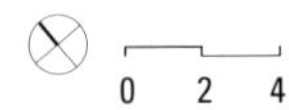

Los volúmenes que conforman el edificio se han distribuido en dos naves unidas por un cuerpo central que contiene una escalera.

**The construction consists of two nave-like structures joined by a central body, which has a staircase.**

La intervención ha intentado ser fiel, siempre que ha sido posible, a la arquitectura original. Se han conservado techos y suelos a la vez que se han integrado nuevos y llamativos elementos para provocar un grato contraste entre pasado y presente, entre lo nuevo y lo antiguo.

**Whenever possible, the restoration was undertaken while at the same time, attempting to respect the original architecture. Whilst conserving ceilings and floors, new and striking elements that provide a pleasing contrast between past and present, and between new and old, are integrated.**

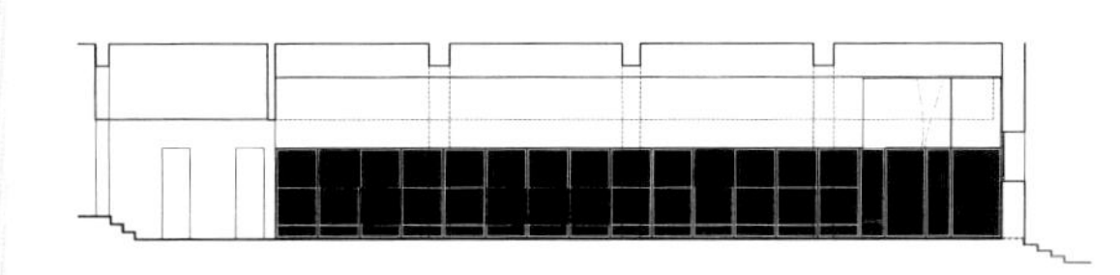

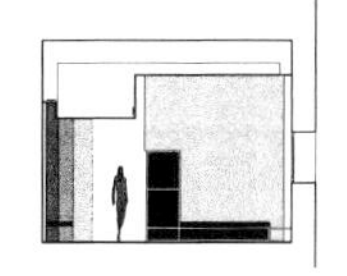

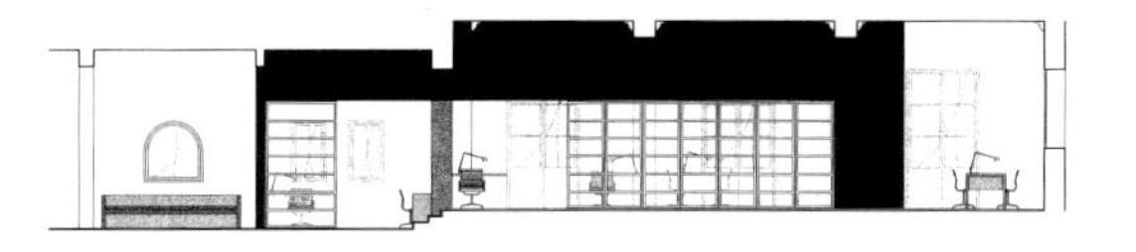

Alzados

Elevations

0 2 4

La estructura original del edificio –una construcción del siglo XIX– ha sido básica a la hora de distribuir las nuevas zonas proyectadas. Las sugerentes líneas arquitectónicas, verdaderas protagonistas del espacio, se potenciaron con un mobiliario discreto y funcional.

The original structure of the building –a construction from the nineteenth century– was basic to the distribution of the newly designed areas. The evocative architectural lines are what truly take prominence in the space, and are accentuated with the discrete and functional furniture.

# Puig Nueva York GCA Arquitectos

La firma catalana de perfumería Puig ha instalado su sede de Estados Unidos en la planta 26.ª de un céntrico edificio neoyorquino. La reforma del espacio, emprendida por GCA Arquitectos, ha permitido acondicionar las instalaciones según las necesidades funcionales de cada puesto a la vez que lograr una homogénea atmósfera corporativa. Partiendo de la premisa de conseguir unos ambientes neutros y fluidos se concibió un eficaz programa que consta de recepción, dos salas de reuniones, sala de juntas, despachos, secretaría, archivo y un pequeño office.
Dos grandes puertas de cristal invitan a penetrar en las oficinas tras dejar atrás el ascensor y las escaleras de acceso, cuya transparencia es un preludio de la neutralidad y claridad que se encuentra una vez traspasado el umbral. La recepción es el eje central a partir del cual se articula el espacio disponible; está situada justo en el centro de la planta, en un rectángulo de 500 $m^2$, y desde ella se reparten las demás zonas de la empresa. Si la recepción y la secretaría ocupan dos espacios abiertos que favorecen su accesibilidad, los despachos y las salas de reuniones se dispusieron en el perímetro de la planta a fin de poder utilizar la luz natural que entra gracias a los grandes ventanales. Las soluciones constructivas empleadas y una sobria y restringida paleta de acabados, materiales, texturas y colores –que se repite en todos los ambientes de la oficina– se encarga de propiciar esa idea de homogeneidad requerida y que condicionó desde un principio el proyecto.
El mobiliario también ha sido diseñado por los arquitectos. Mesas, armarios empotrados, contenedores, el mostrador de recepción son de madera de arce y acero inoxidable, materiales que refuerzan y potencian la sobriedad dibujada ya por los recursos arquitectónicos empleados.

**Arquitectos:** GCA Arquitectos
**Fotógrafo:** Jordi Miralles
**Ubicación:** Nueva York, Estados Unidos
**Fecha de construcción:** 2000

# GCA Arquitectos Puig New York

The Catalan perfume company, Puig, set up its headquarters in the United States on the 26th floor of a centric New York building. GCA Architects was charged with the remodeling. The the design of the premises was in line with the functional needs of each job requirement, while at the same time, they attained an atmosphere of corporate homogeneity. Premised on providing neutral and fluid environments, the design consisted of reception, two meeting rooms, two board rooms, offices, secretarial offices, an archive and a small kitchen.
On leaving behind the elevators and the stairs, two large glass doors bid you in, which is a prelude to the neutrality and clarity to be found on passing through the doorway. The reception area is the nervecenter around which the available space is distributed. Situated in a 5,376 square feet rectangle, it is situated exactly in the middle of the floor and acts as the point of distribution for the other zones of the company. Whereas reception and the secretarial area are situated in an open area, thus facilitating ease of access, the meeting rooms are placed at the perimeter, so as to take advantage of the natural light flowing in from the large windows. The construction ideas, the sober and restricted range of finishes, the materials, textures and colors, which recur in all of the ambiences of the office, endow it all with the necessary homogeneity, which was one of the guiding principles from the outset.
The furniture is also of the architects' design. The tables, built-in closets, bins, and reception counter, are made of maple and steel, which are materials that reinforce the sobriety of the rest of the architectural design.

**Architects:** GCA Arquitectos
**Photography:** Jordi Miralles
**Location:** New York, US
**Date of construction:** 2000

La entrada y el vestíbulo principal del rascacielos que acoge las oficinas de Puig poco hace presagiar la serenidad con la que 26 pisos más arriba, planta en la que se encuentran ubicadas las instalaciones, será sorprendido el visitante.

**There is no clue from the entrance and main lobby of the skyscraper, to presage the surprising serenity to be found twenty-six floors above, in the Puig offices.**

La madera de arce, el acero inoxidable y los demás materiales empleados en los interiores dibujan una imagen sobria y homogénea así como la atmósfera acogedora que emana el ambiente.

**The maple wood, stainless steel and other materials used in the interior design, endow it with a sober and homogeneous image, as well as a warm atmosphere.**

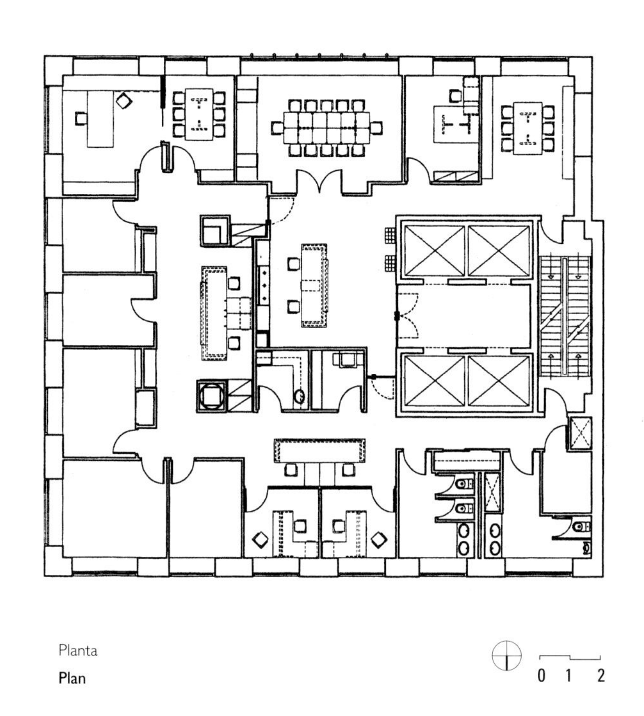

Planta

**Plan**

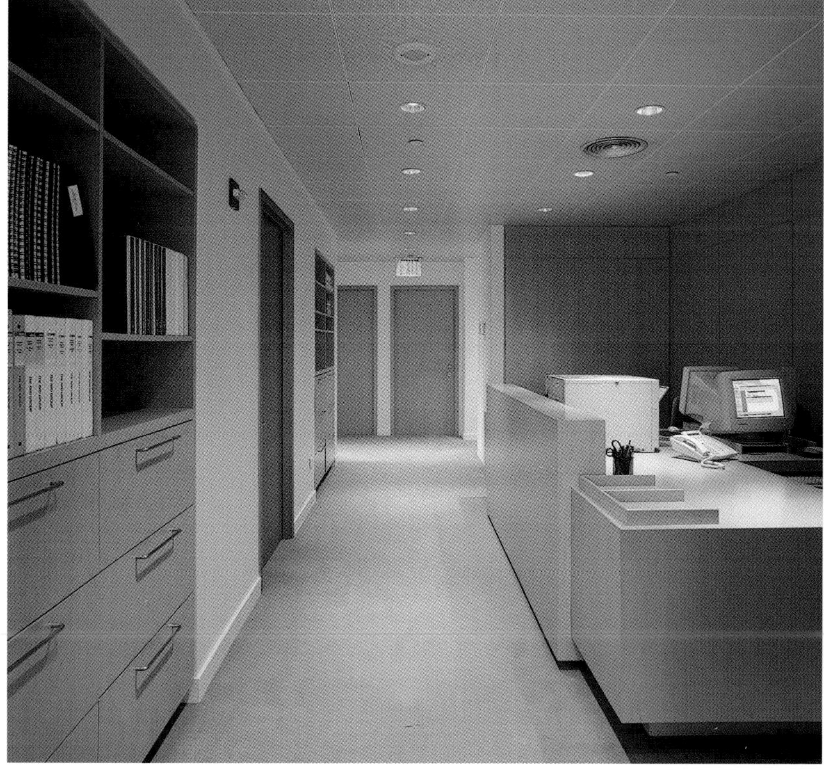

212
MEN
212
MEN

Los despachos y las salas de reuniones se han dispuesto en el perímetro de la planta. Esta solución consigue garantizar la iluminación natural de estos espacios gracias a los grandes ventanales que se han abierto en los muros.

**The offices and the meeting rooms are placed at the perimeter of the floor. This guarantees that they enjoy abundant natural light flowing in from the large windows, opened in the walls.**

La recepción, situada en el centro de la planta es un espacio abierto que favorece la accesibilidad y que funciona como el eje central a partir del cual se articula todo el programa.

Reception is situated in an open space in the center of the floor. This facilitates its accessibility and allows it to act as the nervecenter of the design.

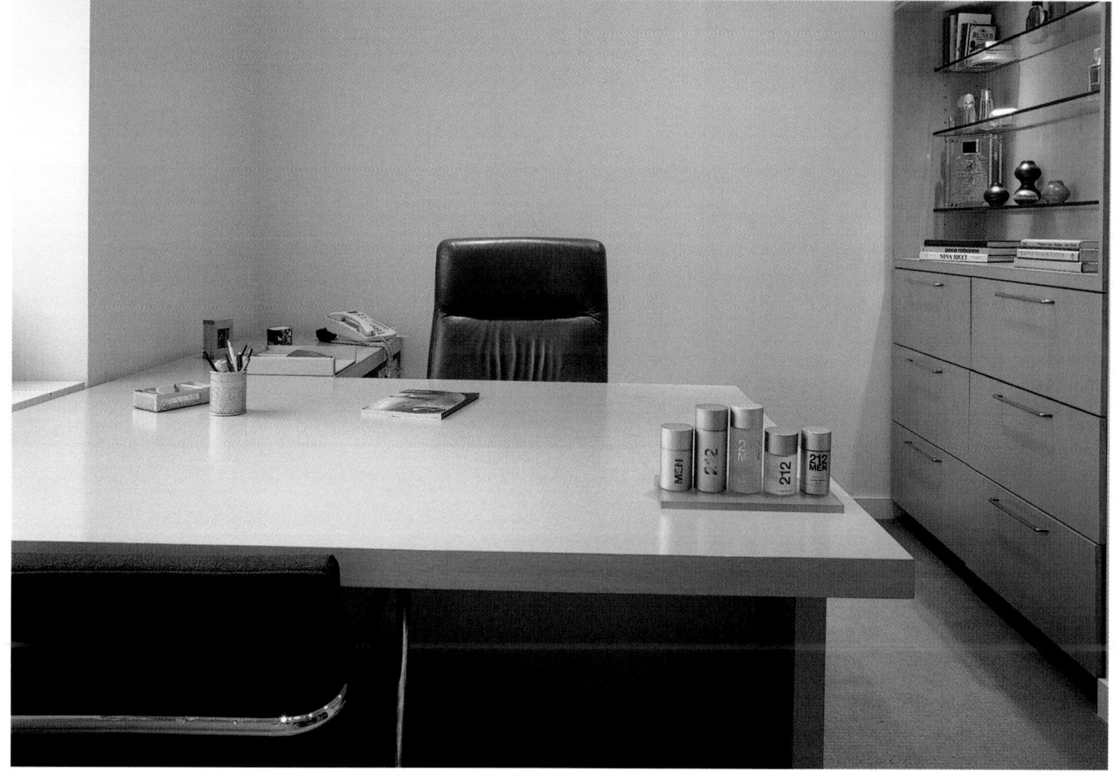

# CMS Audrey Matlock

Estas oficinas ocupan por completo la planta baja de un antiguo edificio de los años veinte y en su momento fue el vestíbulo de una entidad financiera. El objetivo de Audrey Matlock, responsable que firma el proyecto, era diseñar unos ambientes que pudieran ser fácilmente utilizados como un espacio comunitario y polivalente y que incluyeran áreas de entrenamiento para grupos pequeños, salas de encuentro y de reuniones. La estrategia del programa no fue otra que transformar con habilidad un gran espacio empleando pocas soluciones tecnológicas. Adicionalmente, la idea contaba con crear un lugar lleno de armonía desde el que fuera posible promover la paz.
Se ha jugado con la altura del espacio para crear las diferentes áreas y se ha aprovechado este parámetro para situar una estructura móvil elevada del suelo, de manera que se han creado espacios dentro del mismo espacio. Los diferentes componentes adoptan un lenguaje industrial al haberse utilizado materiales tradicionalmente industriales: vigas de madera, perfiles de hierro, muros deslizantes y pivotantes, pantallas de proyección móviles, sistemas de raíles, focos flexibles, paneles de cemento.
Estéticamente, estas instalaciones proponen una imagen sofisticada para un ambiente atemporal. Un espacio dinámico en constante movimiento que se transforma a medida que las actividades lo requieren. Interiores sobrios de aires industriales –conseguidos gracias a los materiales y las texturas elegidos–, sublime funcionalidad y un minimalismo bien entendido se conjugan con la elegancia que destila todo el conjunto. La decoración no se aleja del patrón minimalista: pocos elementos perfectamente ubicados en el espacio ofrecen la comodidad necesaria y rematan un conjunto que puede presumir de ser creativo, excitante e innovador.

**Arquitecto:** Audrey Matlock
**Fotógrafo:** Chun Y. Lai
**Ubicación:** Nueva York, Estados Unidos
**Fecha de construcción:** 2002
**Superficie:** 455 m²

# Audrey Matlock CMS

These offices completely occupy the ground floor of an old building from the 1920's which at the time, was the lobby of a financial institution. The objective of Audrey Matlock, in charge of the project, was to design ambiences that could easily be used as common and multiuse spaces, and would include training areas for small groups, and meeting rooms. The strategy was none other than to adroitly transform a large space, using few technological solutions. Furthermore, the idea was to create a place full of harmony which would instill tranquility.
They played with the height of the space to create different zones, and to set up a mobile structure elevated from the floor. Thus, spaces within the space, were created. The different components adopted, grant it an industrial language since traditional industrial materials were used: wooden beams, iron bars, sliding and pivoting walls, mobile screens, rail systems, changeable spotlights and cement panels.
Aesthetically, the proposal is for a sophisticated image in a timeless setting. It is a dynamic space in constant motion which is transformed according to the requirements of the particular activities. Sober industrial ambiences, achieved by the judicious use of materials and textures, sublime functionality and an intelligent minimalism, are combined with an elegance that the ensemble radiates. The decoration is within the bounds of minimalism: few elements ideally placed afford the necessary comfort and the finishing touches of distinction to an ensemble, which boasts of being creative, exciting and innovative.

**Architect:** Audrey Matlock
**Photography:** Chun Y. Lai
**Location:** New York, US
**Date of construction:** 2002
**Area:** 4,892 sq. ft.

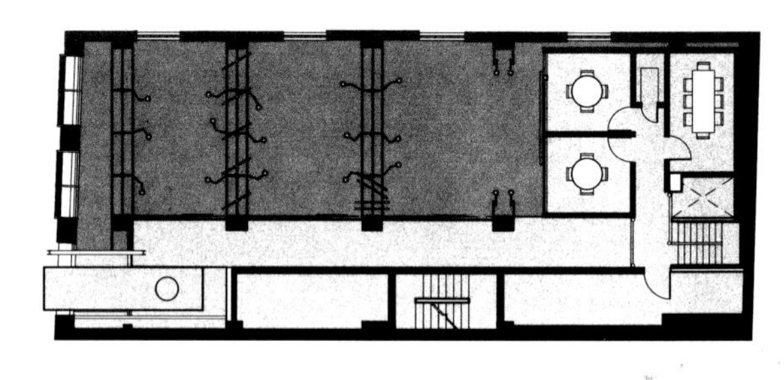

Altillo

**Mezzanine**

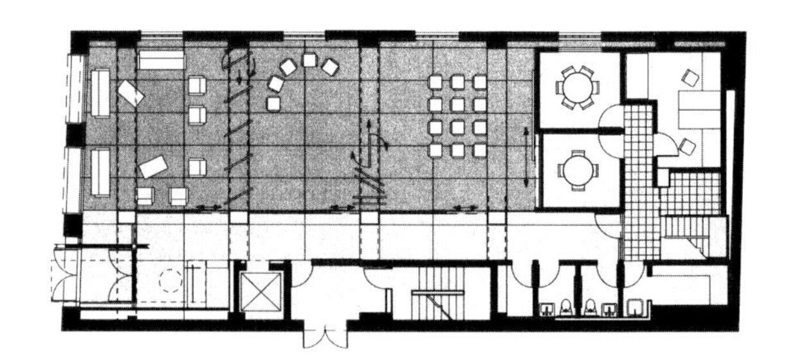

Planta

**Plan**

0 2 4

Open Door
Slowly

# Sociedad General de Autores Rafael Cáceres Zurita

Dos edificios claramente diferenciados acogen la nueva sede de la Sociedad General de Autores (SGAE) en Barcelona. Uno es una casa señorial de finales del siglo XVI y el otro, un edificio de viviendas –sin relaciones funcionales aparentes con la primera construcción–, del que se conservó únicamente la fachada.
La planta del edificio señorial se organizaba alrededor de un patio al que se accedía por un vestíbulo cubierto con bóvedas de cuatro puntos de arcos escarzados rebajados. La tipología de la construcción responde a su época: una entrada de carruajes, estancias auxiliares en la planta baja, planta principal de mayor altura y pisos superiores en los que se ubicaban las dependencias secundarias.
Rafael Cáceres Zurita concibió la idea de dibujar un espacio capaz de hacer frente a las necesidades funcionales de la nueva empresa sin renunciar al lenguaje arquitectónico del pasado. El programa se organizó por niveles. En la planta baja, con dos accesos, se ha ubicado la recepción, el control de las instalaciones, el archivo general y las dependencias de diversas entidades relacionadas con la SGAE. El principal, que se articula en torno a un patio central y la escalera, está resuelto como un espacio público y cultural, y alberga la sala de actos y grabación, la sala de exposiciones, un aula de conferencias y el club de socios. La primera y segunda plantas se han destinado a servicios administrativos y a las salas de dirección de la SGAE. Una última planta se ha concebido a modo de mirador, desde el que es posible contemplar todo el frente portuario de Barcelona.
Se evitaron soluciones de diseño globalizadoras para dejar que cada una de las diferentes plantas impusiera las condiciones que mejor se adaptaban a su reforma. La verdadera protagonista es, por tanto, la diversidad. Una diversidad que se manifiesta en los materiales, el tratamiento espacial, las tonalidades o los detalles.

**Arquitecto:** Rafael Cáceres Zurita
**Colaboradores:** Robert Terradas Muntañola y Esteve Terradas Muntañola
**Fotógrafo:** Jordi Miralles
**Ubicación:** Barcelona, España
**Fecha de construcción:** 1997

# Rafael Cáceres Zurita Sociedad General de Autores

Two clearly differentiated buildings house the new headquarters for the Sociedad General de Autores (SGAE), (The General Authors Society), in Barcelona. One is a stately, sixteenth century residence, and the other, unrelated to this construction, is a block of flats, of which only the façade was conserved.
The ground floor of the stately residence is organized around a patio, which is given access by means of a lobby, made up of a vaulted ceiling. The construction is typical of its era: an entrance for carriages, auxiliary rooms on the ground floor, higher ceilings on the first floor, and the secondary rooms housed on the second floor.
Rafael Cáceres Zurita conceived of a space which could meet the functional requirements of the new company, without renouncing the architectural language of the past. The program is structured by levels. The ground floor, with two entrances, houses reception, security for the installations, the general archives and the rooms of diverse entities related to SGAE. The first floor, which is organized around a central patio and the staircase, is designed as a public and cultural space, and houses the conference and recording room, the exhibition hall, a conference room and the meeting room for club members. The second and third floors contain administration and the directors' meeting rooms. Finally, the top floor is a vantage point from which all of the Barcelona port front can be enjoyed.
A global design approach was avoided so as to allow each floor to dictate the most ideal design, given the particular needs and demands. Thus, what is key, is diversity. This is manifest in the materials, the way the space is dealt with, the different color tones, or in the numerous details.

**Architect:** Rafael Cáceres Zurita
**Collaborators:** Robert Terradas Muntañola and Esteve Terradas Muntañola
**Photography:** Jordi Miralles
**Location:** Barcelona, Spain
**Date of construction:** 1997

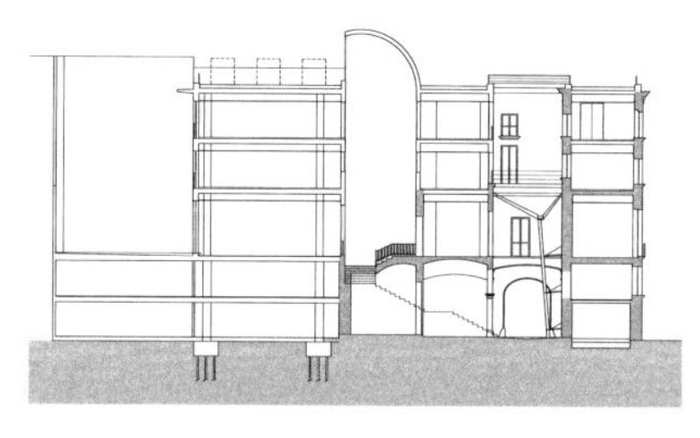

Secciones

**Sections**

0 4 8

Una de las premisas del proyecto era lograr una unidad del lenguaje arquitectónico de manera que fuera posible unificar la herencia del pasado y conservar la estructura formal original a la vez que se empleaban nuevas y modernas soluciones constructivas.

**One of the premises of the project was the unity of the architectural language. An attempt was made to bring together the past heritage, conserve the original structure, whilst making use of new and modern construction solutions.**

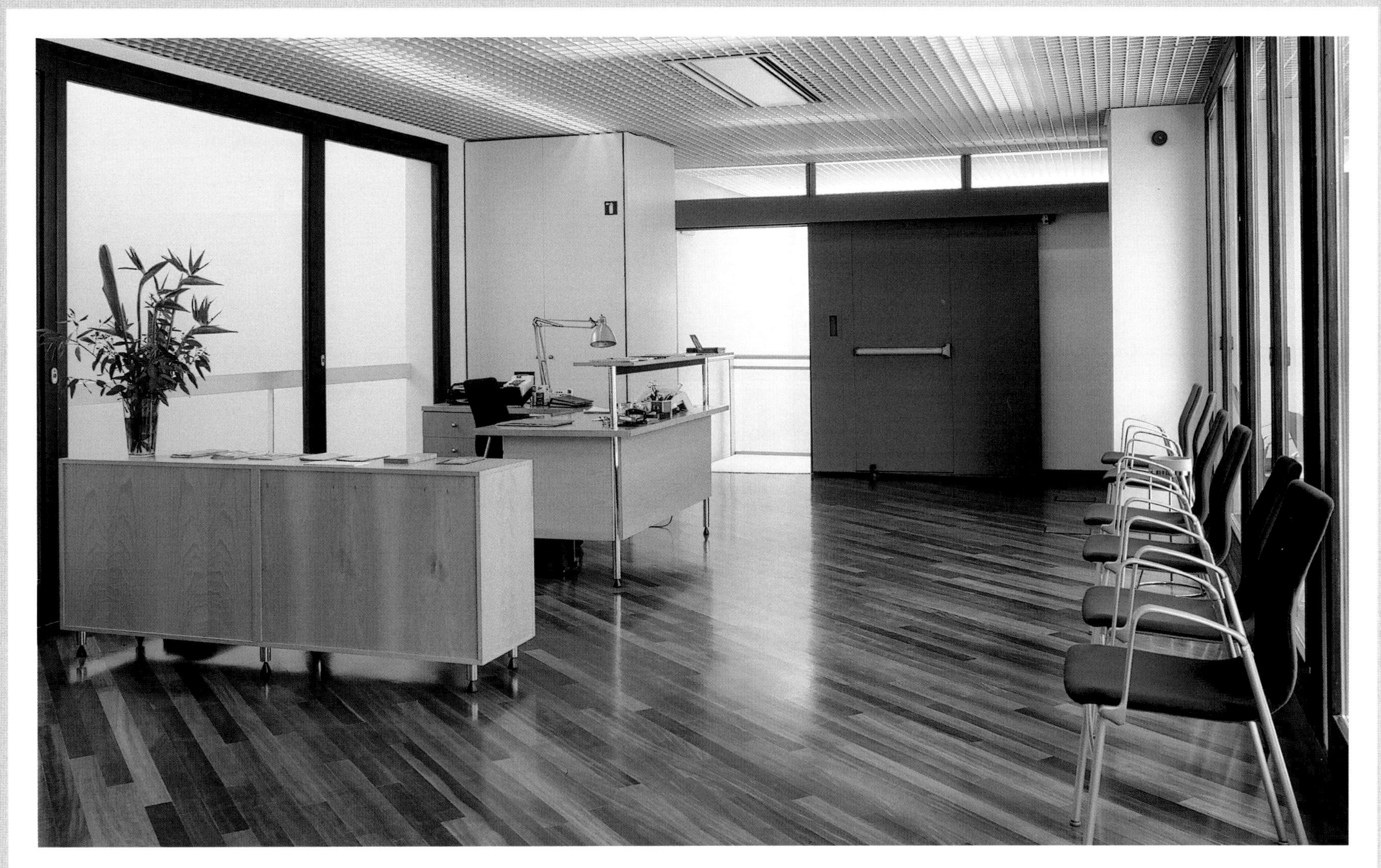

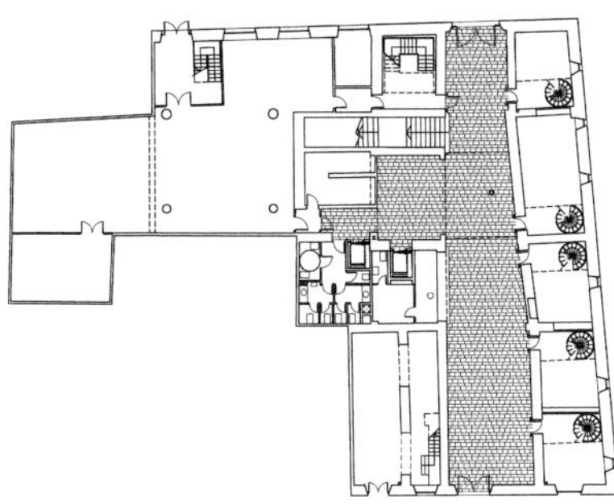

Planta baja
**Ground floor**

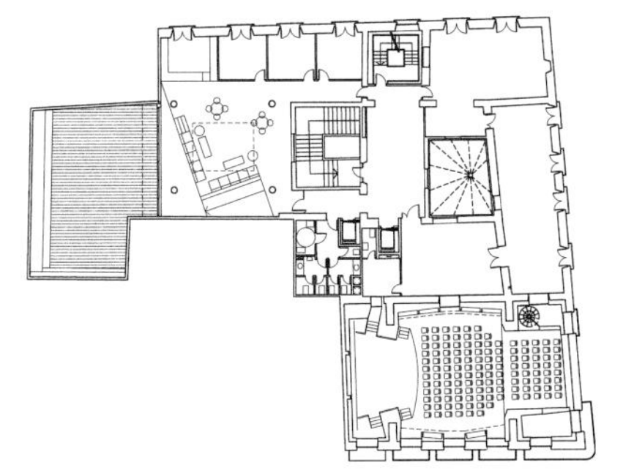

Primer piso
**Second floor**

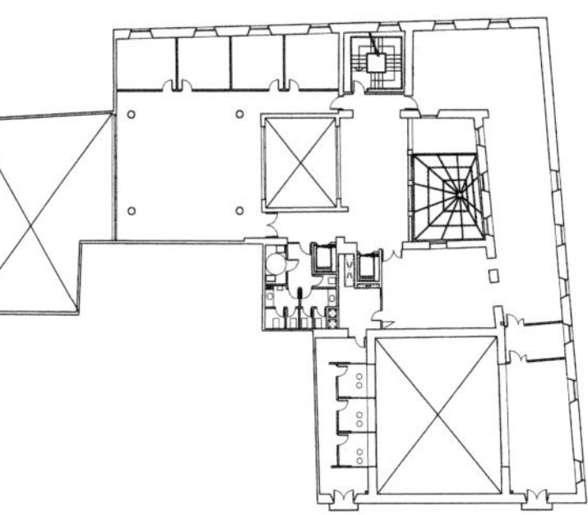

Segundo piso
**Third floor**

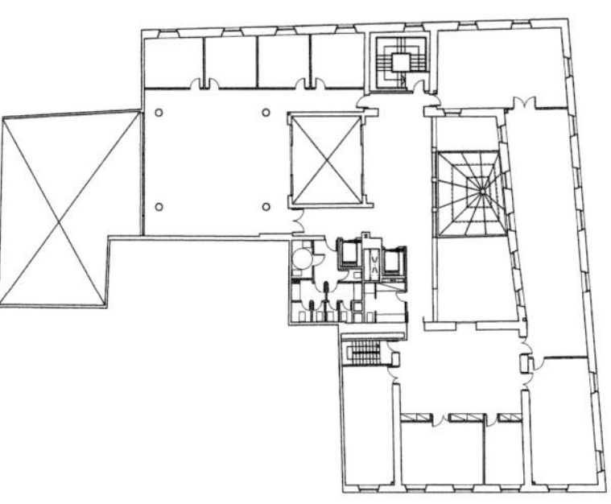

Tercer piso
**Fourth floor**

0 2 4

El programa funcional se ha organizado por plantas. Las estancias destinadas a acoger actividades de carácter público y cultural –como la sala de actos, el club o el aula de reuniones– se han ubicado en el principal para facilitar la accesibilidad.

**On a functional level, it is organized by floors. The rooms for cultural and public activities, like the conference room, the club room or the meeting room, are housed on the first floor in order to facilitate accessibility.**

# Renovación del palacio Mezzanotte AMA Group

La Bolsa de Milán decidió rehabilitar el interior del palacio Mezzanotte, donde se encuentra ubicada, para actualizar sus instalaciones en función de la nueva demanda. Renovar un edificio histórico de estas características no resulta sencillo, sobre todo si se tiene en cuenta que en el sótano se encontraban los restos de un teatro romano que databa de la época imperial y que numerosos muros estaban cubiertos con cerámicas diseñadas por el artista italiano Giò Ponti. Los requisitos eran claros: mantener la esencia y riqueza histórica del pasado a la vez que lograr un espacio flexible capaz de adaptarse a las necesidades modernas y que contara con áreas para convenciones, exhibiciones, salas de reuniones y de formación. Se trataba, pues, de todo un reto.

La intervención se centró principalmente en el vestíbulo –donde en los años ochenta los "brokers" efectuaban las negociaciones–, el entresuelo y el nivel subterráneo. Con el cambio, 26 metros de altura del vestíbulo se cubrieron con cristal para generar un falso techo con un estructural diagrama de acero de unos nueve metros. Esta solución se convierte en una improvisada y singular cortina móvil que permite controlar y manipular la luz natural además de ejercer como un excelente protector acústico y visual. Su interior se ha aprovechado para instalar los sistemas de aire acondicionado. La polivalencia y fluidez de los interiores se consigue con un mobiliario móvil que se adapta fácilmente a los requerimientos específicos de cada momento.

El proyecto ha trasladado al sótano, principalmente al área del perímetro, las salas de conferencias, de proyección y dos cafeterías. En el centro, en las estancias destinadas a aulas de formación y salas de convenciones, se han integrado los restos arqueológicos romanos gracias al empleo de paneles de vidrio en el suelo que dejan los vestigios a la vista y permiten caminar sobre ellos.

**Arquitectos:** AMA Group
**Fotógrafo:** Matteo Piazza
**Ubicación:** Milán, Italia
**Fecha de construcción:** 2001

# AMA Group Rehabilitation of Mezzanotte Palace

The Milan Stock Exchange, housed in Mezzanotte Palace, decided to rehabilitate its installations in order to meet the latest exigencies. Renovating this type of historical building is not easy. In the basement there were the ruins of a Roman theater dating from the imperial period and numerous walls were covered with ceramics designed by the Italian artist Giò Ponti. Thus, they were required to maintain the essence of the rich heritage, while affording a flexible space which could adapt to modern needs. It was essential that it provide areas for conventions, exhibitions, and meeting and training rooms. In summary, it was a great challenge.

The intervention focused mainly on the lobby, where the brokers did their negotiating in the eighties, the first floor, and the underground level. 86 feet of the height of the ceiling, were covered with glass in order to create a false ceiling, using a steel diagram of 30 feet. When wanted, this becomes an improvised and singular movable curtain to shield the area from the natural light. It likewise affords excellent acoustical and visual protection. They made use of its interior to house the air conditioning systems. They achieve a versatility and flow of the interiors, thanks to the use of movable furniture, which easily adapts to the specific requirements of the moment.

Most of the conference rooms, movie theaters and the two cafeterias were moved to the basement, the perimetric area. In the center, where the conference and training rooms are, the Roman archeological remains are integrated by means of glass panels on the floor, which afford a view of them, and allow you to walk on top of them.

**Architects:** AMA Group
**Photography:** Matteo Piazza
**Location:** Milan, Italy
**Date of construction:** 2001

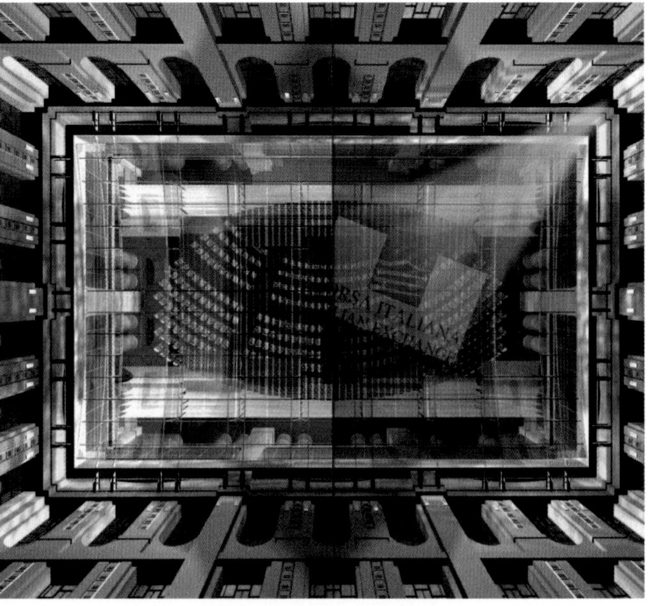

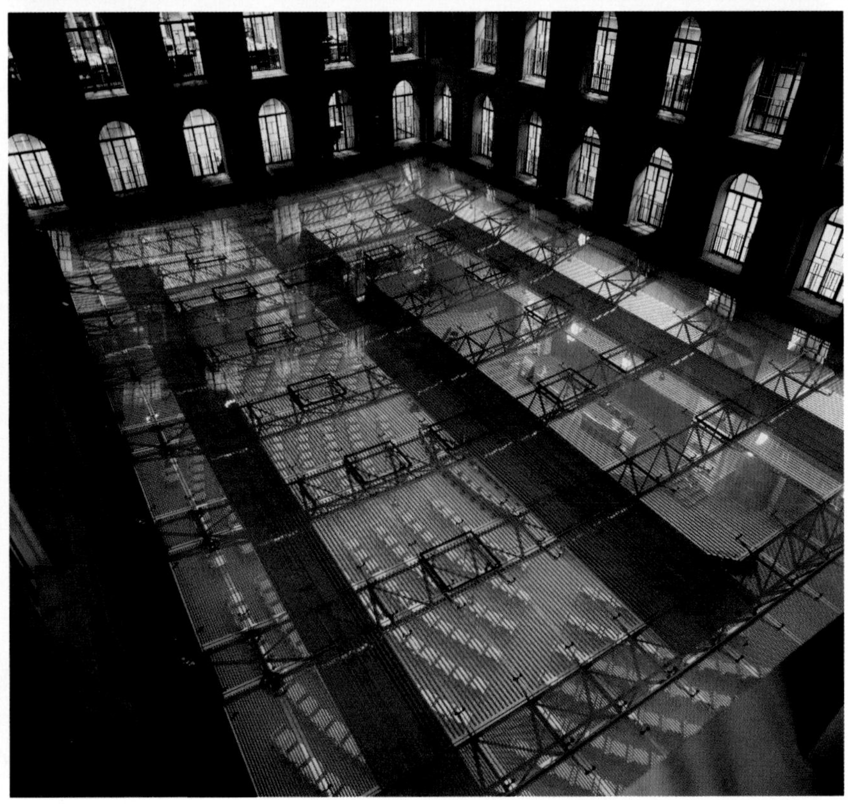

La arquitectura adquiere el papel protagonista, por lo que se ha optado por una decoración sobria y elegante que permita que las estructuras se muestren con todo su esplendor.

**A simple and elegant decoration was the choice in order to allow the architecture to take center stage.**

Las instalaciones de este antiguo palacio son toda una maravilla arquitectónica. La rehabilitación ha conseguido mantener la majestuosidad de sus volúmenes a la vez que se le han concedido nuevos usos a los espacios.

**The installations of this old architectural palace are a marvel. The rehabilitation allowed the majesty of the volumes to be maintained, while at the same time, allowing the spaces to be put to new uses.**

El respeto por el pasado ha sido absoluto. En el área central del edificio se ha cubierto el suelo con paneles de vidrio para que sea posible admirar los restos romanos que se conservan. Los muros en los que se encontraban pinturas cerámicas de Giò Ponti también se han mantenido a la vista.

**Absolute respect for the past was maintained. In the central part of the building, the floor was covered with glass panels, to afford a view of the Roman ruins preserved there. The walls where ceramic paintings by Giò Ponti are to be found, were also conserved in full view.**

FIRE HYDRANT
& HOSE REEL
BATESSMART

## Bates Smart Bates Smart Pty Ltd.

Con oficinas en Sydney y Melbourne (Australia), la firma Bates Smart ofrece un completo servicio de arquitectura, diseño urbano y de interiores de manera continuada desde 1852. Siguiendo las mismas premisas que definen su trabajo –ofrecer innovación, experiencia y garantizar los mejores resultados– han proyectado estas oficinas de la sede de Melbourne, que expresan el espíritu de este estudio de arquitectos. Las nuevas instalaciones en la empresa ocupan la sexta planta del edificio Orica, en uno de los mejores enclaves de la zona. La construcción, proyectada en 1958 por Bates Smart, fue en su momento la primera torre de oficinas de la ciudad australiana.

El programa consiste en una serie de pabellones que se insertan en el interior de los blancos volúmenes que conforman el espacio. En todo momento se ha buscado la homogeneidad y el sentido de unidad. Ese es uno de los motivos por los que se ha elegido el blanco como color dominante y se ha tratado el espacio de manera global; así, cada una de las diferentes zonas que se reparten los departamentos de la empresa –aun habiéndose proyectado de manera individualizada y quedar claramente definidas– forman parte de un todo unitario. Se trata de un espacio de trabajo abierto, funcional, diáfano y fácilmente inteligible que se materializa en unos interiores luminosos y ordenados que sirven de marco perfecto para las actividades que se llevan a cabo. Asimismo, se ha propiciado la relación visual y la comunicación espacial.

Los materiales y la paleta cromática seleccionada es limitada. En cambio, la elección del mobiliario es más generosa y rica en matices en lo que se refiere a modelos, colores y texturas. El resultado es un lugar de trabajo sereno y bien equipado donde los trabajadores se sienten perfectamente atendidos para desarrollar su actividad laboral.

**Arquitectos:** Bates Smart Pty Ltd.
**Fotógrafo:** Shania Shegedyn
**Ubicación:** Melbourne, Australia
**Fecha de construcción:** 2002

## Bates Smart Pty Ltd. Bates Smart

With offices in Sydney and Melbourne, Australia, the firm, Bates Smart, has offered complete architectural services, interior and urban design, since 1852. Based on the same premises which define their work—provide innovation, experience and guarantee the best results—they designed these offices for their headquarters in Melbourne, which clearly express the spirit of this architectural studio. The new installations occupy the sixth floor of Orica Building, in one of the best enclaves of the area. Designed in 1953 by Bates Smart, at the time, it was the first office tower of the city.

The design consists of a series of pavilions, that are inserted in the white volumes which make up the space. The attempt is, at all times, for homogeneity and a sense of unity. This is why white was chosen as the dominant color, and the space was dealt with in a global way. Thus, each of the different zones occupied by different departments of the company, although designed individually and clearly defined, form part of one unified ensemble. They are open, functional, diaphanous and easily defined work spaces, which are perceived as luminous and ordered interiors, which are the perfect framework for the activities carried out therein. Likewise, visual and spatial communication are given a privileged role.

The materials and the range of colors chosen, are limited. On the other hand, the choice of furniture, in respect to models, colors and textures, is more generous and richer in nuances.

**Architects**: Bates Smart Pty Ltd.
**Photography**: Shania Shegedyn
**Location**: Melbourne, Australia
**Date of construction**: 2002

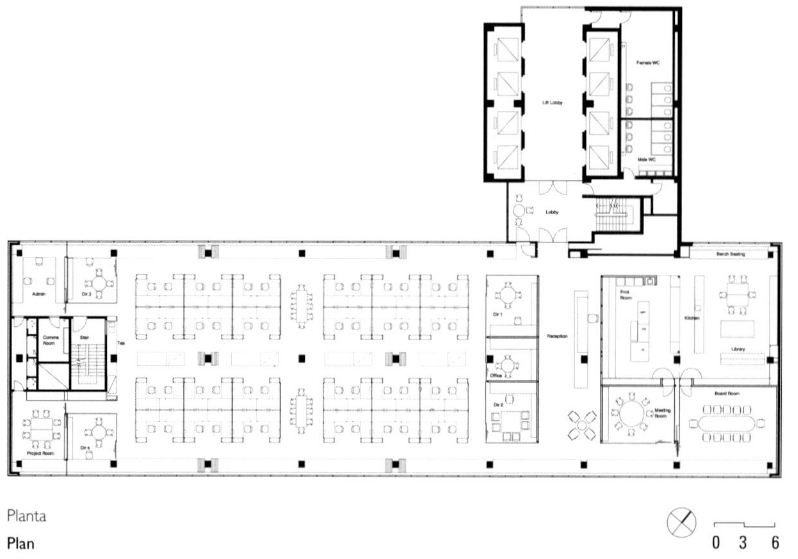


Planta

Plan

La luminosidad y fuerza del blanco, que recorre las paredes, los techos, los tabiques de algunas divisiones espaciales e incluso algunos elementos de mobiliario, se combina con el color que aportan las piezas decorativas y los muebles para conseguir una generosa riqueza visual.

**The luminosity and strength of the color white, present on the walls, ceilings and partitions of some of the spatial dividers, and even in some of the furniture, is combined with the color of the decorative elements and the furniture. The result is a generous visual richness.**

En algunas áreas se ha optado por la compartimentación con el empleo de mamparas transparentes. De este modo se consigue aislar el espacio a la vez que se logra fluidez y ligereza visual.

**In some areas they opted to compartmentalize by using transparent screens. Consequently, they managed to isolate a space while at the same time afford visual communication and lightness.**

Orden, funcionalidad y una estética muy contemporánea definen unos interiores que invitan a trabajar y en los que se respira serenidad y buen ambiente.

**The interiors are characterized by order, functionality and contemporary aesthetics. This serene atmosphere and pleasant ambience invites one to work.**

BATESSMART.

BOXES
BOXES

## Ogilvy & Matther Shubin + Donaldson Architects y Eric Owen Moss

Para llegar hasta la recepción de estas oficinas es imprescindible atravesar un amplio túnel semitransparente, nexo de unión entre las instalaciones y el resto del edificio: un símil del puente entre la realidad y la fantasía. Esta agencia de publicidad –una de las más prestigiosas del mundo– se ha reinventado a sí misma con las nuevas instalaciones. La demanda que la agencia hizo a los responsables del proyecto era clara: debían diseñar un espacio vanguardista, imaginativo y funcional en el que estuvieran presentes las nuevas tecnologías. El resultado fue una área de trabajo abierta y capaz de albergar a más de 110 empleados con tareas muy diferentes.

Localizados en un enclave industrial, en el que últimamente se han instalado numerosas empresas tecnológicas y artísticas, el establecimiento respira el aire industrial que emana el entorno. Tras dejar atrás el peculiar túnel –construido en metal y vidrio–, que domina tanto visual como materialmente la entrada, se llega a la recepción. Múltiples pantallas LCD de televisión se reparten el espacio en el interior del túnel, conocido con el nombre de "the tube", y por diversas áreas del local. Este conducto funciona como instrumento de comunicación entre el exterior y las zonas de trabajo. Al tratarse de un elemento visible desde fuera provoca una peculiar sensación, similar a la de observar el interior de una pecera. Fuera de este elemento también llama poderosamente la atención una gran pantalla con la imagen de una gigantesca cara y diversas frases impresas junto a ella. Concebido como si de una gran nave industrial se tratara, se ha proyectado el espacio con una gran estructura de madera, soluciones constructivas en acero y metal, generosas ventanas de cristal en los muros del perímetro que suministran a la oficina abundante luz natural.

**Arquitectos:** Shubin + Donaldson Architects y Eric Owen Moss
**Fotógrafo:** Tom Bonner
**Ubicación:** Culver City, Los Ángeles, Estados Unidos
**Fecha de construcción:** 2000
**Superficie:** 2.790 m²

## Shubin + Donaldson Architects and Eric Owen Moss Ogilvy & Matther

To reach reception, one need go through a wide semitransparent passageway, which is the nexus of union between the installations and the rest of the building. It is a sort of simile of the bridge between reality and fantasy. With these new installations, this publicity agency, one of the most prestigious in the world, reinvented itself. The exigencies of the project for the architects were very clear; they had to design an avant-garde, imaginative and functional space with all of the latest technology. They came up with an open work area with a capacity for 110 employees, working on diverse projects at the same time. Located in an industrial enclave where numerous technological and artistic companies have set up lately, it radiates the same industrial aire of its surroundings.

On leaving behind this peculiar tunnel, made of metal and glass and which both materially and visually dominates the entrance, one comes to reception. Numerous LCD television screens are placed both in the tunnel, called "the tube", and throughout the installations. This conduint acts as the communicating element between the exterior and the work areas. Since it is visible from the outside, one gets a peculiar sensation, like that of observing the inside of a fishbowl. What is also striking is a large screen with a gigantic face and several phrases beside it. Conceived as if it were a vast industrial premise, the space consists of a large wooden structure, steel and metal construction, and large windows on the outside walls that provide the offices with abundant natural light.

**Architects:** Shubin + Donaldson Architects and Eric Owen Moss
**Photography:** Tom Bonner
**Location:** Culver City, Los Angeles, US
**Date of construction:** 2000
**Area:** 30,000 sq. ft.

El tubo que hay que atravesar hasta llegar a la recepción es una estructura de aluminio y láminas de cristal curvo que domina la entrada y se convierte en el elemento comunicador de las oficinas y el resto del edificio.

**The tube through which you must go to arrive to reception, is made of aluminum and sheets of curved glass. It dominates the entrance area, and is the communicating element between the offices and the rest of the building.**

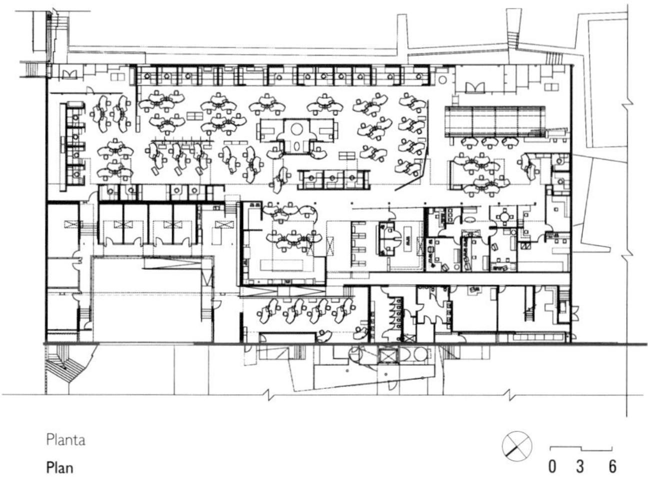


Planta

**Plan**

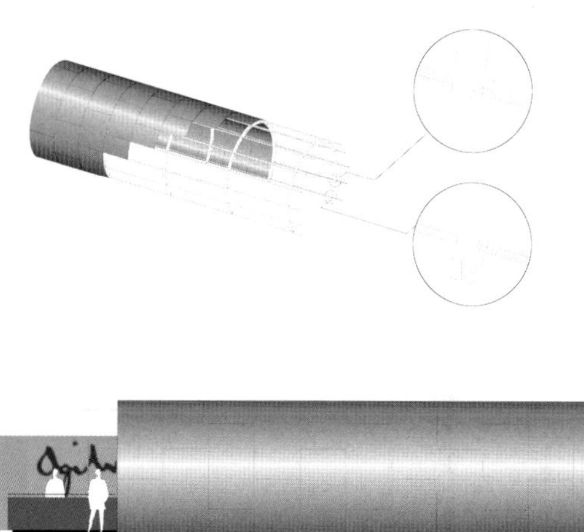

El espacio se ha distribuido de manera que las áreas de trabajo puedan disponer de privacidad al mismo tiempo que se encuentran abiertas para facilitar la comunicación. Para estas zonas se ha empleado el metal y el acero, que consiguen un ambiente homogéneo.

The distribution of the work areas is done in such a way that it affords the necessary privacy, while at the same time, it remains open so as to facilitate communication. Metal and steel are used in these areas in order to attain a homogeneous atmosphere.

Paredes de cristal de generosas dimensiones se aprecian en muchos rincones de la empresa. Jugar con los conceptos antagónicos de esconder y mostrar consigue aquí un resultado excelente.

They make free use of large glass walls in many places throughout the installations. The shrewd use of conflicting concepts of exhibiting and concealing, enabled them to achieve superb results herein.

TONGUE, TONGUE, TONGUE. L'AMANT AFEGI: NAP, GERD, TRUFA.

# El Bullitaller

Claudia Schneider y AV62 Arquitectos (Victoria Garriga y Toño Foraster)

El origen de este proyecto nace de la necesidad de ubicar el espíritu de creación de El Bulli –el prestigioso restaurante de Ferran Adrià– en un único espacio. Estas oficinas taller se encuentran en la planta principal de un antiguo palacio situado en pleno corazón del barrio gótico de Barcelona. Para enfatizar la grandiosidad teatral de los volúmenes disponibles se empleó un sinfín de acertados recursos constructivos y estilísticos.

Las características molduras originales de los techos apenas se conservaban debido a una intervención estructural anterior. Ante la aparente desnudez que esta ausencia confería al conjunto, se optó por resaltar tal linealidad. Asimismo, recreándose en el dramatismo de la luz natural que inunda todos los rincones, la intervención también sorteó las barreras estructurales propias de una edificación de este tipo para permitir la comunicación de todos los espacios que integran el taller. Sin alterar ninguna de estas consideraciones estéticas, se decidió construir un altillo que une –en un sinuoso recorrido por todas las estancias– los volúmenes de la nueva distribución espacial.

El altillo se divide en una parte central –que corta en su recorrido un muro de carga–, en una zona de descanso y dos pasarelas que se extienden hacia la oficina y la cocina en la que se trabaja. La pared del altillo se ha utilizado como biblioteca, mientras que una sucesión de barandillas, que cambian de forma y de material dependiendo de la concepción de cada espacio, lo protegen. El suelo se ha pavimentado con madera de roble blanqueada. El hueco que queda bajo la escalera que conduce al altillo se ha aprovechado para instalar un baño.

En la planta del piso, pavimentada con piedra caliza muy clara, se ubica un recibidor, una zona de reuniones y degustaciones y la cocina taller, en la que se elaboran y crean los platos. Para comunicar el recibidor con el patio interior ajardinado se abrieron dos puertas que se transforman en ventanas en el altillo.

**Arquitectos:** Claudia Schneider y AV62 Arquitectos (Victoria Garriga y Toño Foraster)
**Fotógrafo:** Stella Rotger
**Ubicación:** Barcelona, España
**Fecha de construcción:** 2001

# El Bullitaller

Claudia Schneider and AV62 Arquitectos (Victoria Garriga and Toño Foraster)

This project was born of the need to house the creative spirit of El Bulli, Ferran Adrià's prestigious restaurant, in one sole space. These offices-workshops are housed on the ground floor of an old stately residence, situated in the heart of the Gothic Quarter in Barcelona. To accentuate the theatrical grandiosity of the available volumes, they made use of numerous stylistic and construction resouces.

The original characteristic ceiling molding scarcely remained, owing to previous structural work. Taking advantage of the apparent bareness which this provoked, they decided to accentuate the linearity of it. Likewise, they opted to make use of the abundant natural light flooding in all throughout, and overcome the structural barriers so common to a building of this sort, and facilitate the communication between all of the spaces which make up the workshop. Without veering from any of these aesthetic considerations, they decided to build a loft, which would wind around and connect the volumes of the new spatial distribution.

The loft consists of a central part, divided by a load-bearing wall, a rest area, and two catwalks, which extend out towards the office and to the work kitchen. They took advantage of the wall of the loft to make it into a bookcase. The loft railings change in shape and materials to fit in with the different ambiences. The flooring consists of bleached white oak. The hollow under the staircase was put to good use as it was outfitted with a toilet.

For the flat, limestone was used for the flooring. There is an entrance hall, a meeting or food tasting area, and a kitchen-workshop where the cuisine is created and prepared. Two doors, which become windows up in the loft, were built in to communicate the entrance hall and the interior patio.

**Architects:** Claudia Schneider and AV62 Arquitectos (Victoria Garriga and Toño Foraster)
**Photography:** Stella Rotger
**Location:** Barcelona, Spain
**Date of construction:** 2001

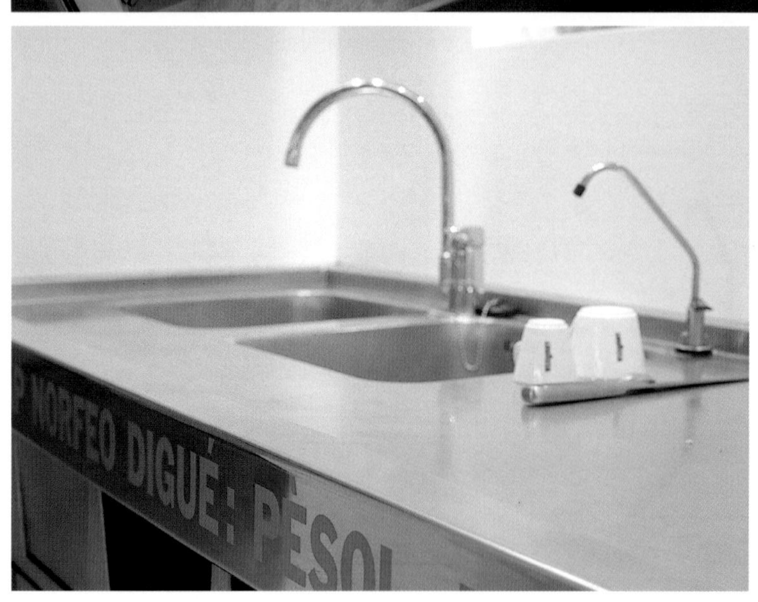
NORFEO DIGUÉ: PÉSOL

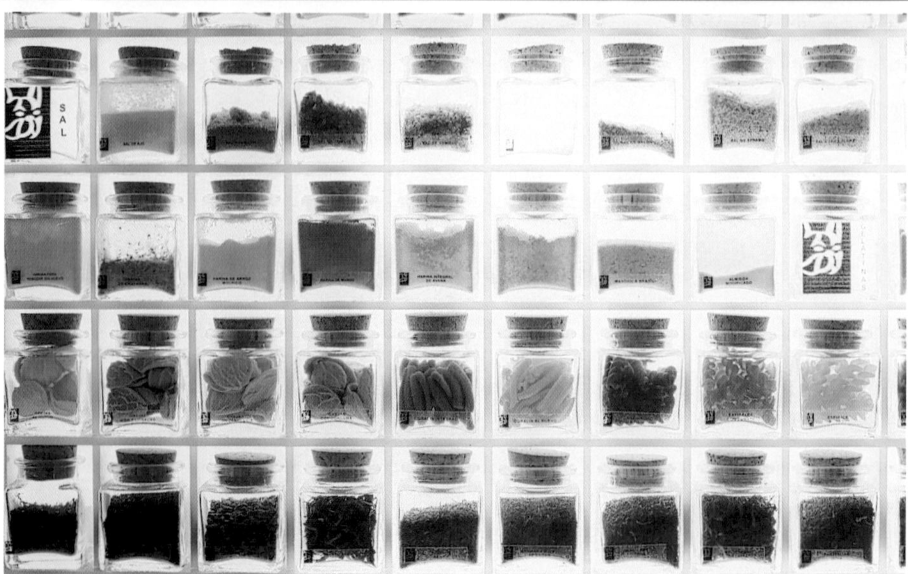
SAL

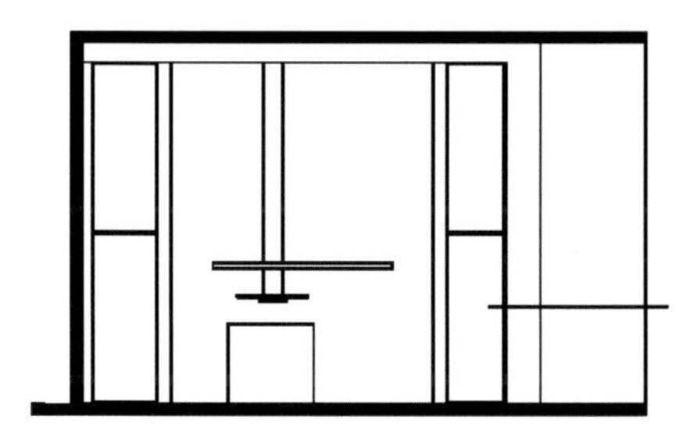

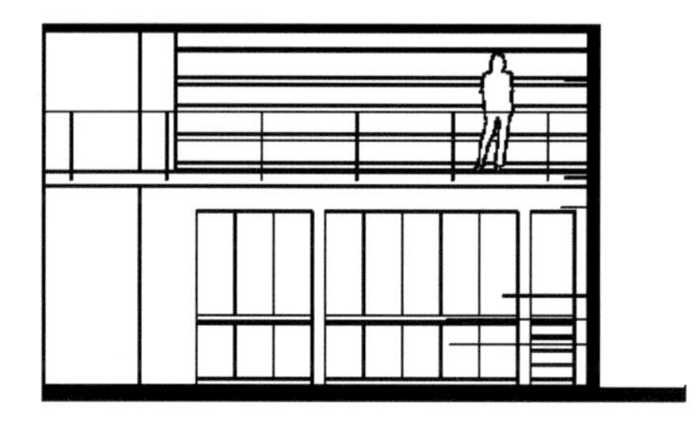

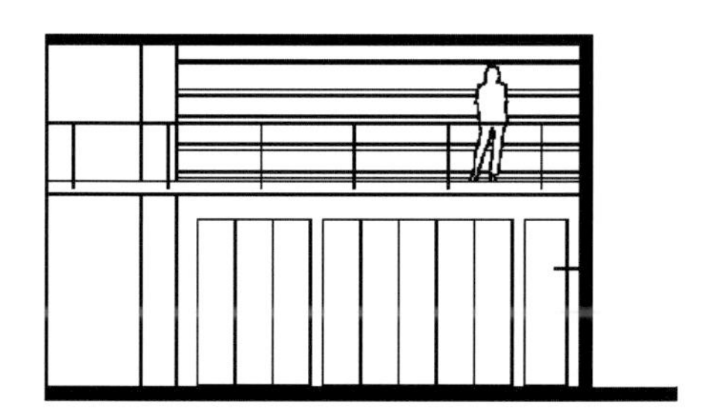

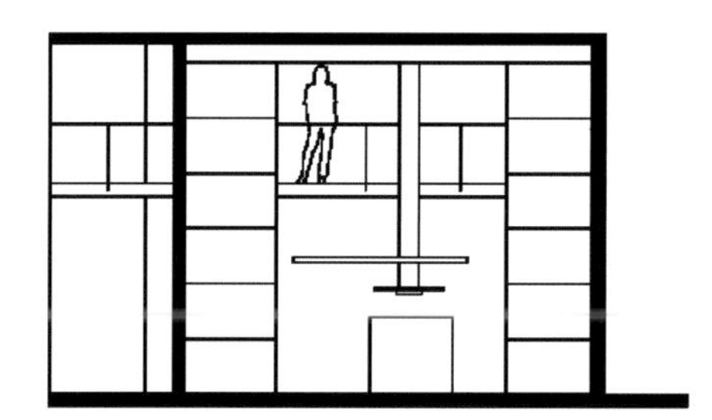

Secciones

Sections

0 1 2

La sala de reuniones, concebida como un espacio funcional y sobrio, juega con el contraste de los elementos: la grandilocuencia y antigüedad de los volúmenes arquitectónicos, el diseño contemporáneo de las piezas de mobiliario y la frescura de una colorista fotografía de Ferran Adrià inspirada en la célebre obra de Andy Warhol.

**The meeting room, conceived to be functional and simple, is an interplay of contrasting elements: the grandiloquence and antiquity of architectural volumes, the contemporary design of the furniture, and the freshness of Ferran Adrià's colorful photography inspired from the celebrated work of Andy Warhol.**

Uno de los principales objetivos de la intervención era, además de mantener la belleza arquitectónica del magnífico espacio, enfatizarla con los recursos constructivos y estéticos empleados.

**One of the main objectives of the project, apart from maintaining the architectural splendor of this magnificent construction, was to accentuate its beauty by way of the construction and aesthetic resources employed therein.**

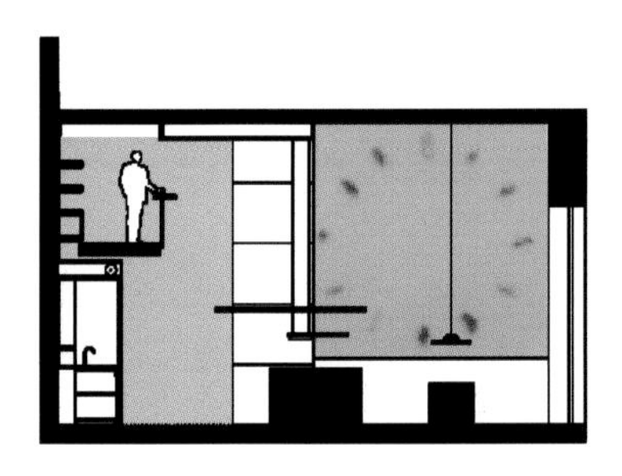

Secciones

Sections

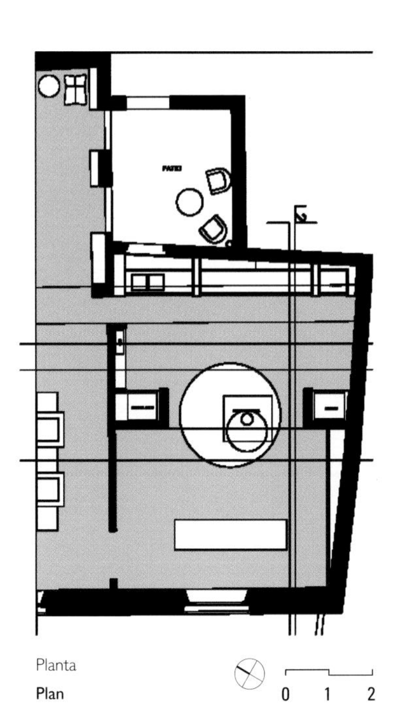

Planta

Plan

# Garbergs Advertising

## Claesson Koivisto Rune Arkitektkontor

Las nuevas instalaciones de esta prestigiosa agencia de publicidad, ubicadas en uno de los mejores enclaves de Estocolmo, se encuentran situadas en un edificio de trazos modernos y funcionales de considerable altura; toda una particularidad si se tiene en cuenta que la mayoría de las construcciones localizadas en el centro de la esta capital disponen de una altura muy similar que no acostumbra a superar los cinco o seis pisos de altura.

El programa se distribuye en dos plantas. El nivel inferior se ha reservado exclusivamente para clientes, por lo que se han ubicado en esta área la recepción, salas de reuniones, una biblioteca, salas de conferencias de diferentes proporciones y una cafetería. El piso superior se ha reservado para los estudios y las áreas de trabajo. Esta zona se ha tratado como un espacio diáfano y continuo en el que no existen particiones ni despachos privados. A pesar de que los trabajadores no disponen de un espacio propio individualizado, estas áreas se han dispuesto de manera que se aprovechan los ventanales como pauta para la distribución de las mesas.

En los interiores se ha optado por incluir particiones que organizan las diferentes áreas funcionales. Estos separadores se materializan en paneles, algunos transparentes, otros translúcidos, otros grises, verdes... que configuran un sugerente juego de contrastes que da lugar a una compleja composición en la que los reflejos, las sombras, los colores y el sutil contraste que se genera entre conceptos antagónicos –abierto/cerrado, ser visto/ver, esconder/mostrar...– se convierten en los verdaderos protagonistas.

Una decoración austera y contemporánea libre de excesos y elementos superfluos se encarga de configurar un espacio altamente funcional en el que se impone un orden visualmente muy atractivo.

**Arquitectos:** Claesson Koivisto Rune Arkitektkontor
**Fotógrafo:** Patrick Engquist
**Ubicación:** Estocolmo, Suecia
**Fecha de construcción:** 2001
**Superficie:** 386 m²

## Claesson Koivisto Rune Arkitektkontor

# Garbergs Advertising

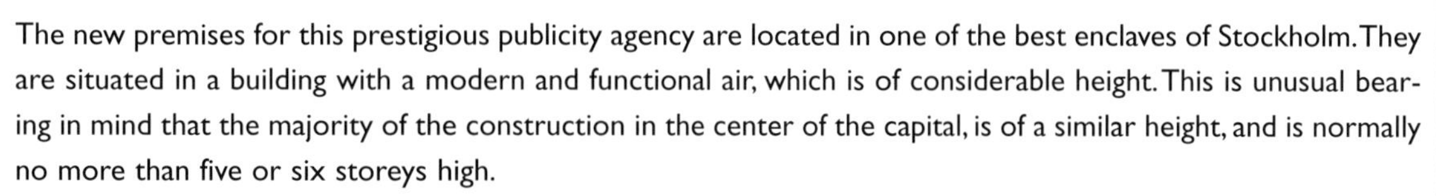

The new premises for this prestigious publicity agency are located in one of the best enclaves of Stockholm. They are situated in a building with a modern and functional air, which is of considerable height. This is unusual bearing in mind that the majority of the construction in the center of the capital, is of a similar height, and is normally no more than five or six storeys high.

The plan is distributed on two floors. The lower level is exclusively for clients. Here, reception, meeting rooms, a library, conference rooms of different dimensions and a cafeteria, are placed. The first floor is reserved for the studios and the work areas. It is designed to be a diaphanous and contiuous space, where there are no partitions nor private offices. Although the employees do not have their own private space available to them, they took advantage of the regular disposition of the windows, to order the distribution of the tables.

They chose to make use of partitions to organize the different functional areas in the interior. They consist of panels which are sometimes transparent, other times translucent, some are gray, green and other colors. The whole, is an evocative interplay of contrasts. It affords a complex composition where reflections, shadows, colors and the subtle contrast resulting from conflicting concepts—open/closed, see/be seen, show/conceal—come to the forefront. The interior decoration is austere and contemporary, and free of excesses and superfluous elements. The design is highly functional and the visual order is very attractive.

**Architects:** Claesson Koivisto Rune Arkitektkontor
**Photography:** Patrick Engquist
**Location:** Stockholm, Sweden
**Date of construction:** 2001
**Area:** 4,150 sq. ft.

Observar/ser observado, esconder/mostrar…, esa es la particular manera de los responsables de este proyecto de entender el espacio. Las diferentes áreas que componen las instalaciones se encuentran bañadas por una exquisita belleza formal y una deliberada ausencia de excesos.

**Observe/be observed, show/conceal, this is the special way that the designers here, understand space. The different areas that make up the premises are characterized by an exquisite formal beauty, and a deliberate absence of excesses.**

Al igual que ocurre en otros trabajos de Claesson Koivisto Rune, estas oficinas son un claro ejemplo de hacia dónde se dirige el nuevo diseño y arquitectura escandinavos. El resultado es un espacio de estética contenida, depurada y vanguardista perfectamente organizado y polivalente.

**As in other projects by Claesson Koivisto Rune, these offices clearly exemplify which direction new design and architecture are going, in Scandinavia. The result is a space of restrained, refined and avant-garde aesthetics, which is perfectly organized and versatile.**

# Der Neue Zollohof Frank O. Gehry

La diestra mano del arquitecto Frank O. Gehry maneja a voluntad la imaginación y la tecnología para dotar esta construcción de las expresivas formas que la definen. Trazos familiares que vuelven a materializarse ahora en este complejo edificio situado a orillas del Rhin en uno de los distritos económicamente más bulliciosos de la ciudad.

Se trata de un proyecto ambicioso en cuanto a la magnitud de la construcción. El programa preveía ubicar diversas sedes comerciales repartidas en tres grupos de edificios separados que suman una superficie total de 28.000 m² y que se integran de manera unitaria en el entorno que los acoge. Tres torres de dimensiones que van de los 300 a los 500 m² articulan las diferentes edificaciones agrupadas alrededor de un eje central. Estas torres descansan en una extensa plaza de la que nacen numerosos accesos que comunican la calle con el puerto y bajo la cual se ha creado un aparcamiento. La división del proyecto en edificios mayores provee de inmejorables vistas a los tres bloques a la vez que permite organizar mejor el espacio.

Visualmente, cada uno de los volúmenes del conjunto se percibe desde el exterior como una estructura repleta de aberturas en forma de ventanas que recorren todas las caras de la fachada. Esta solución constructiva, además de ser un elemento compositivo importante, permite garantizar la ventilación natural de los interiores a la vez que comunicar los interiores con el entorno. El acabado material de cada uno de los edificios es único y diferente. El bloque central está totalmente cubierto con paneles metálicos. La torre situada más al este, que también es la más alta, está rodeada de diversos cuerpos curvilíneos revestidos con paneles de yeso. Y los bloques de la torre oeste agrupan diversas construcciones cuyas fachadas se han cubierto con ladrillo.

**Arquitecto:** Frank O. Gehry
**Fotógrafo:** Thomas Mayer
**Ubicación:** Düsseldorf, Alemania
**Fecha de construcción:** 1999
**Superficie:** 28.000 m²

# Frank O. Gehry Der Neue Zollohof

The deft hand of the architect Frank O. Gehry pulls the strings of imagination and technology at will, to endow this construction with the expressive forms that characterize it. Familiar strokes once again come to life in this complex of buildings located on the banks of the Rhine, in one of the most bustling economic areas of the city.

The magnitutud of the project is very ambitious. The design calls for installing diverse commercial headquarters into three separate buildings, grouped together, totaling 300,000 square feet, which are integrated together into the setting. Three towers ranging from 3,225 to 5,376 square feet articulate the different buildings grouped around a central axis. These towers are situated in an extensive plaza under which a parking garage was built. From the plaza, numerous accesses radiate out to connect to the street, which communicates with the port. The inclusion of large buildings in the project ensures unmatched panoramic views while allowing the space to be better organized.

Visually, from the exterior, each of the volumes of the ensemble is perceived as a structure that is full of apertures, in the shape of windows, which cover all sides of the façades. Besides being an important compositional element, this construction solution assures the natural ventilation of the interiors, while at the same time communicates the interiors with the setting. The exterior finish of each building is unique and different. The central block is totally covered with metal panels. The tower to the east, which is also the tallest, is finished with diverse curvilinear bodies that are covered with plaster panels. The blocks of the west tower group together diverse constructions with brick façades.

**Architect:** Frank O. Gehry
**Photography:** Thomas Mayer
**Location:** Düsseldorf, Germany
**Date of construction:** 1999
**Area:** 301,075 sq. ft.

A pesar de haber otorgado un tratamiento especial a la hora de revestir las fachadas exteriores de cada uno de los edificios, el conjunto posee una enorme homogeneidad. Gehry ha conseguido una vez más dibujar unas construcciones de líneas geométricas y sinuosas llenas de personalidad.

**Although the façade of each building is dealt with in a different way, the ensemble is characterized by great homogeneity. Once again, Gehry managed to design a construction of geometrical and snaking lines, teeming with personality.**

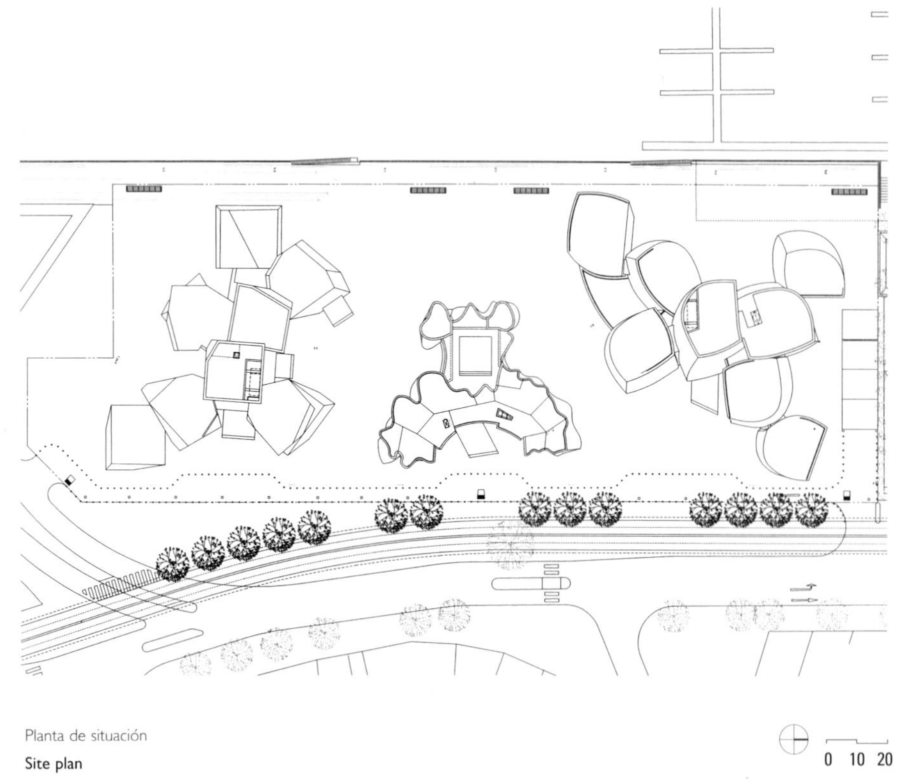


Planta de situación

**Site plan**

La repetición, casi obsesiva, de numerosas aberturas perfectamente ordenadas linealmente a lo largo y ancho de las fachadas confiere una particular imagen al edificio.

**The almost obsesive repetition of numerous apertures lineally ordered all throughout the façades, confers an unusual appearance to the edifice.**

Perspectivas axonométricas

**Axonometric perspectives**

Alzado sur

South elevation

Alzado norte

North elevation

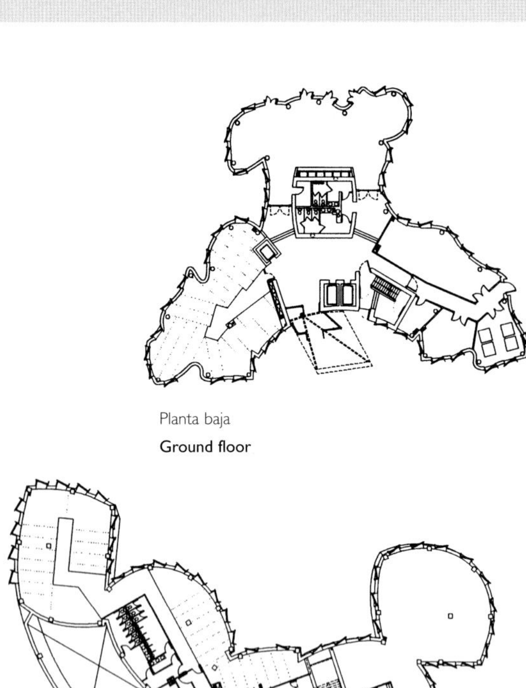

Planta baja

**Ground floor**

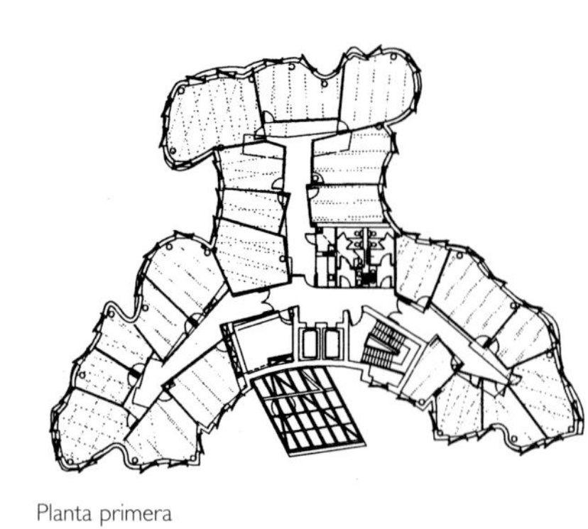

Planta primera

**Second floor**

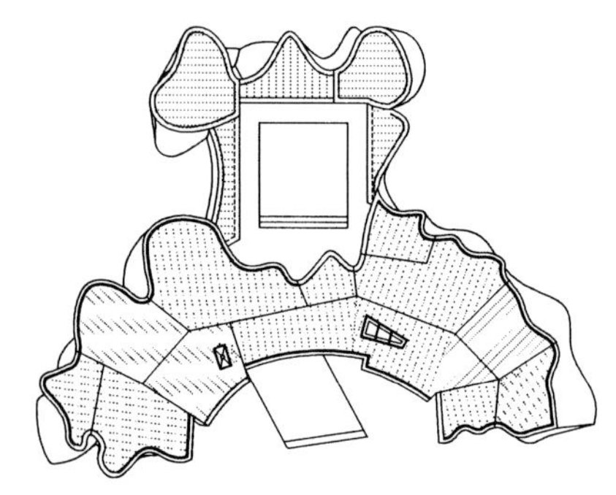

Planta de cubiertas

**Roof plan**

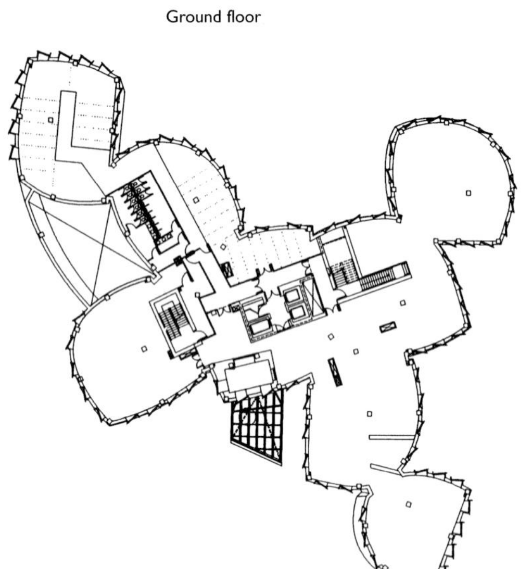

Planta baja

**Ground floor**

Planta primera

**Second floor**

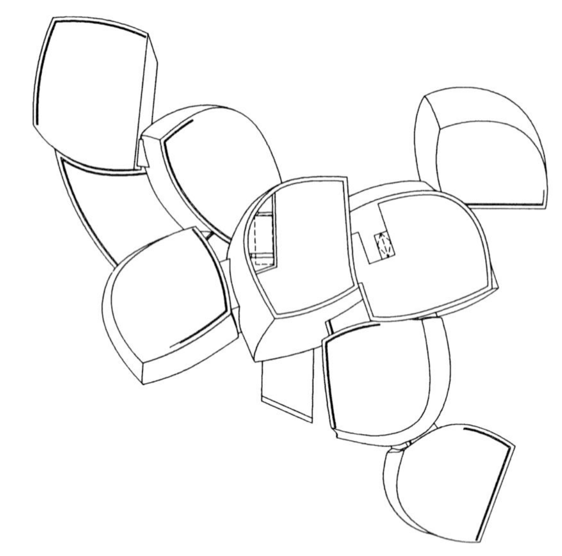

Planta de cubiertas

**Roof plan**

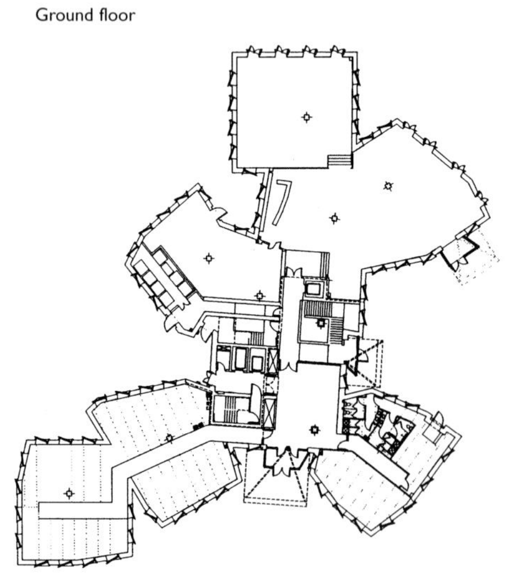

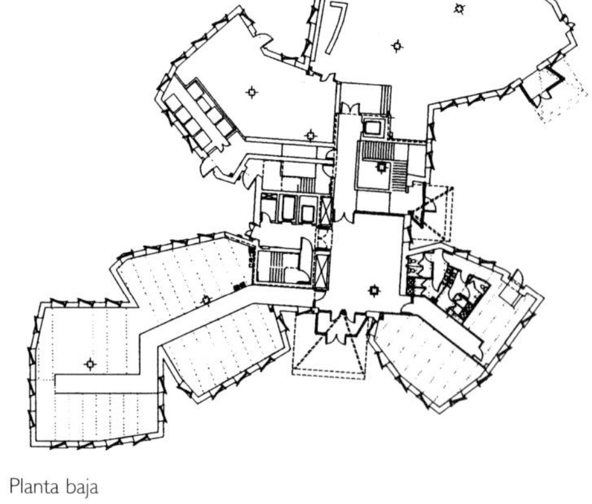

Planta baja

**Ground floor**

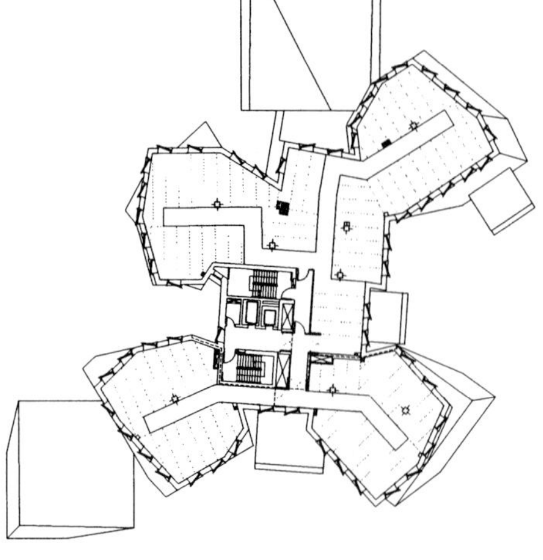

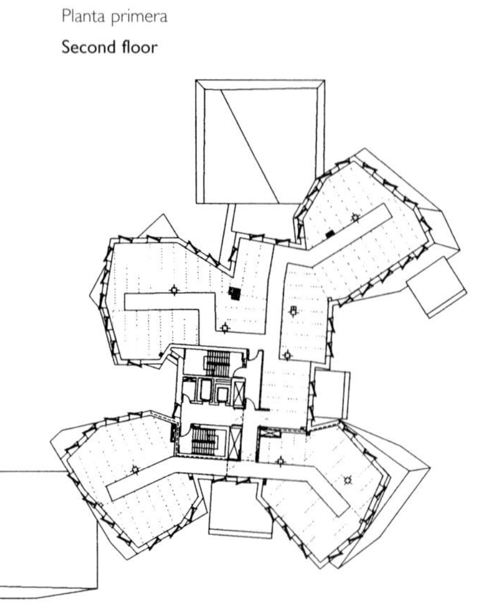

Planta quinta

**Sixth floor**

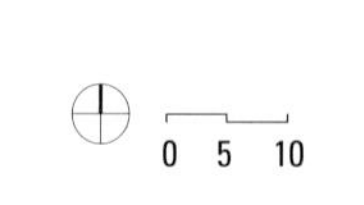

Los interiores se han proyectado como espacios diáfanos, luminosos, perfectamente organizados y funcionales que se amoldan a las formas que los volúmenes exteriores le imponen.

The design of the interior spaces is diaphanous, luminous, and perfectly organized and functional. They are well adapted to the forms that the exterior volumes impose.

# Mabeg Nicholas Grimshaw & Partners Ltd.

Estas oficinas abrieron sus puertas en enero de 1999 y supusieron la primera puesta en escena de la expansión de la firma. Uno de los principales requerimientos del cliente era disponer de un edificio funcional visualmente llamativo y flexible. Estéticamente, ese deseo de innovación y accesibilidad queda perfectamente reflejado en los contundentes volúmenes de la construcción. Puesto que se encuentra ubicado en un área industrial repleta de edificios anodinos, el edificio propone nuevas formas de entender el entorno. Tanto cliente como arquitecto coincidieron en la idea de diseñar una construcción emblemática que destacara en esa trama suburbana. El programa requería un espacio polivalente que incluyera oficinas, salas de reuniones, despachos, áreas de marketing, departamentos de cuentas y salas de exhibición, y en el que pudiera satisfacerse un buen número de funciones y actividades.

Al tratarse de un edificio relativamente pequeño, se pensó su distribución con sumo cuidado para perfeccionar su funcionamiento interno. Un cuerpo geométrico alzado sobre pilares y sustentado por un elemento central de mayor consistencia llama poderosamente la atención. Unas luces de posición –similares a las empleadas en las pistas de aterrizaje de los aeropuertos– delimitan sus esquinas y enfatizan su importancia en el entorno.

**Arquitectos:** Nicholas Grimshaw & Partners Ltd.
**Fotógrafo:** Werner Huthmacher
**Ubicación:** Soest, Alemania
**Fecha de construcción:** 1999
**Superficie:** 860 m²

El acceso al edificio –además del ascensor– se realiza por el exterior a través de una gran escalera de aluminio que descansa en cada uno de los rellanos y configuran un área de entrada en todas las plantas.

La estructura portante es una construcción de acero y hormigón; la fachada se ha revestido con un aluminio curvado, y las ventanas se han cubierto con lamas metálicas que pueden graduarse para controlar la luz natural. El perímetro de columnas, todas visibles, que rodea el edificio confiere al espacio una sutil y clásica elegancia.

# Nicholas Grimshaw & Partners Ltd. Mabeg

These offices opened in 1999 and represented the launch of the expansion of the firm. One of the main premises of the project, imposed by the client, was to have a functional building which was striking and flexible in appearance. Aesthetically, this desire for innovation and accessibility is perfectly reflected in the striking volumes of the construction. Located in an industrial area full of dull buildings, the edifice proposes a new interpretation of the surroundings. Both client and architect coincided in the idea of an enigmatic construction for this suburban area. The project required a versatile space which included offices, meeting rooms, marketing zones, accounts departments and exhibition halls, where a large number of functions and activities could be carried out.

**Architects**: Nicholas Grimshaw & Partners Ltd.
**Photography**: Werner Huthmacher
**Location:** Soest, Germany
**Date of construction**: 1999
**Area**: 9,247 sq. ft.

As the building was relatively small, great care was taken in the interior distribution, to facilitate perfect internal functioning. A geometrical body atop pillars, with a large central structure bearing the majority of the load, is extraordinarily striking. Lights, akin to the lights lining airport runways, delimit the corners and accentuate its importance in the setting.

Besides the elevator, access into the building, from the exterior, is by means of a large aluminum staircase, with a landing and entrance, for each of the floors. The frame is made of steel and concrete. The façade is covered with curved aluminum, and the windows are covered with metal slats, which can be graduated to control the amount of natural light coming in. The perimeter of columns surrounding the building, imbues the space with a subtle and classical elegance.

Una espectacular escalera situada en el centro de una de las caras del edificio y que lo divide por la mitad, es el elemento encargado de comunicar y facilitar el acceso a los diferentes niveles de la construcción desde el exterior.

**A spectacular staircase in the middle of one of the façades, and which divides it in half, communicates and provides access to the different levels from the exterior.**

El sistema de pilares y del cuerpo central que sustentan el edificio provoca al mirarlo la sugerente sensación de que el volumen flota ingrávido en el espacio. Esa liviandad se ve enfatizada por el acristalamiento y el empleo del aluminio en las fachadas.

**The system of pillars, and the structure in the center which sustain the building, afford the sensation that the volume is floating weightless in space. This lightness is accentuated by the use of glass and aluminum on the façades.**

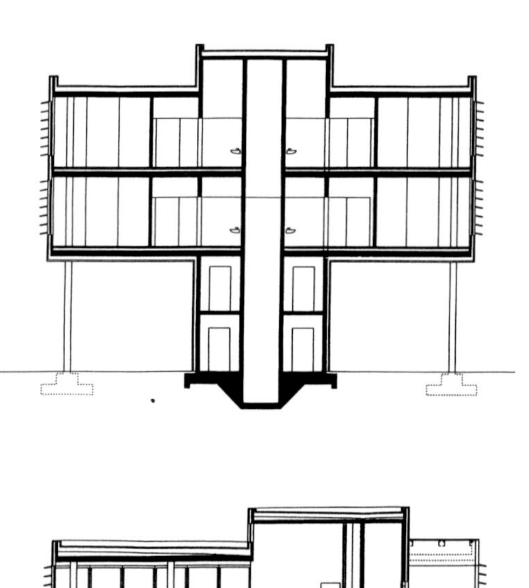

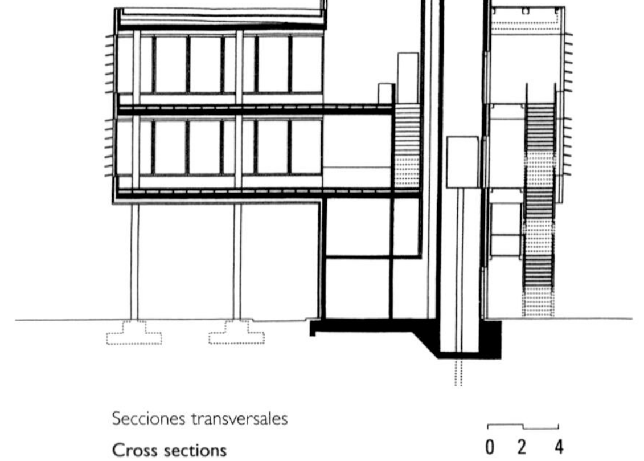

Secciones transversales

**Cross sections**

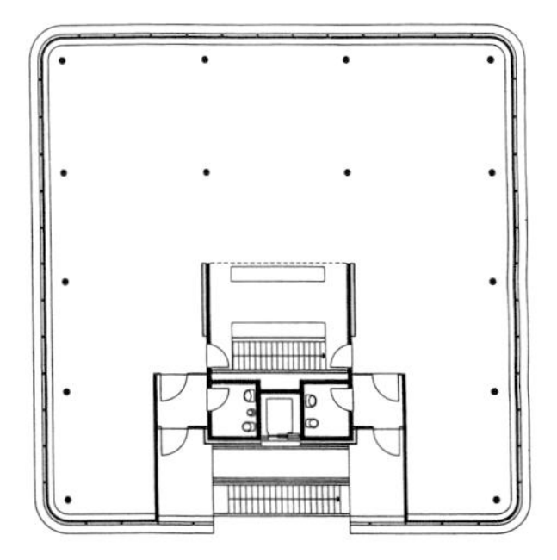

Segundo piso

**Third floor**

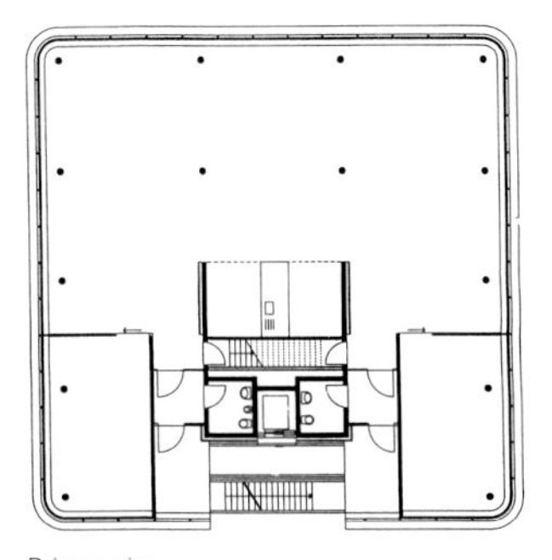

Primer piso

**Second floor**

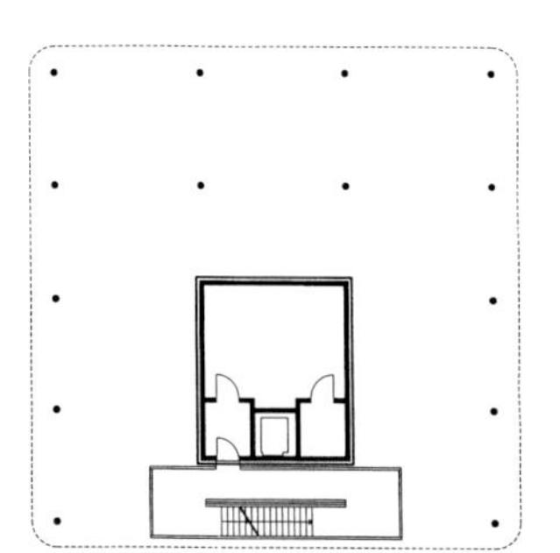

Entresuelo

**Mezzanine**

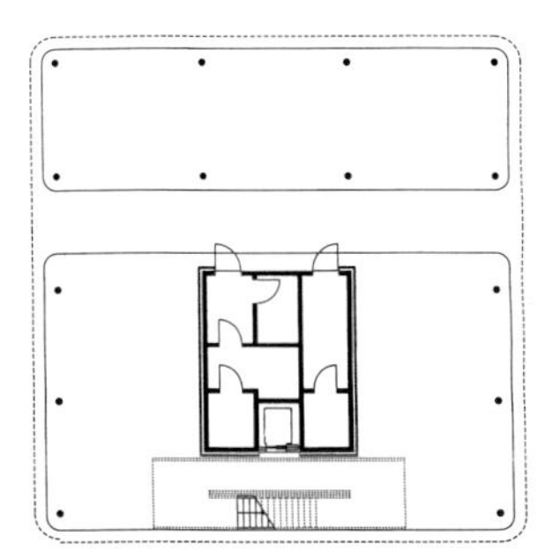

Planta baja

**Ground floor**

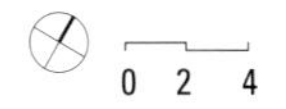

Los interiores se han concebido como espacios abiertos en los que la comunicación es fluida gracias a la cuidada distribución. El uso de tonalidades neutras y claras, así como la acertada iluminación y el orden, consiguen agrandar visualmente el ambiente.

The interiors are conceived as open spaces where, thanks to the meticulous distribution, the communication is free and flowing. The use of neutral and light tones, as well as an intelligent and ordered illumination, affords the sensation of a large expansive interior.

# Edificio en la calle Tarragona Fargas Ass

Dos construcciones adyacentes de características volumétricas totalmente diferentes y específicas componen este edificio comercial y de oficinas proyectado por los arquitectos Josep M. Fargas Falp y Frederic Fargas Teixidó. Uno de los cuerpos se materializa en una torre de planta baja, 19 pisos y dos niveles de instalaciones con una altura de coronación de la fachada de 80 m. El otro es un volumen bajo desarrollado en planta, altillo y dos pisos con una altura de 17,52 metros.

La torre –destinada al uso de oficinas excepto la planta baja, empleada como zona comercial– se ha concebido como una planta paralelepípeda de 16 m de fondo, 33 m de longitud en el lateral que da a la calle Tarragona y casi 31 m en el lado posterior. El área que no queda ocupada por la edificación es pública y en su subsuelo se han situado los accesos a las tres plantas subterráneas proyectadas. De estos tres sótanos, el primero se ha comunicado con la planta baja de la torre y los otros dos funcionan como aparcamiento. Los ascensores, las escaleras, el vestíbulo de cada planta, los servicios y las áreas de paso de las instalaciones se han situado en la parte central de la torre, lo que libera toda la fachada.

El cuerpo bajo se desarrolla a partir de unos patios perimetrales que comunican sus cinco niveles con una separación de ámbitos a nivel de suelo de la primera planta mediante un acristalamiento laminar. Dos son los núcleos de comunicación vertical: uno situado aproximadamente a mitad de la fachada de la calle Tarragona y otro, tras la torre. El empleo del cristal en la fachada permite delimitar el espacio exterior e interior. Asimismo, gracias al recurso de los patios se puede definir visualmente el entorno y controlar climáticamente las zonas inferiores.

**Arquitectos:** Fargas Ass SL (Josep M. Fargas Falp y Frederic Fargas Teixidó)
**Colaboradores:** Josep M. Seradell
**Fotógrafo:** Jordi Miralles
**Ubicación:** Barcelona, España
**Fecha de construcción:** 1998
**Superficie:** 16.285 m²

# Fargas Ass Building on Tarragona Street

Two adjoining constructions with totally different and specific volumetric characteristics, make up this commercial building and offices designed by the architects Josep M. Fargas Falp, and Frederic Fargas Teixidó. One of the volumes consists of a nineteen-story tower atop a ground floor and topped off with two stories of equipment installations. The total height soars to 266 feet. The other volume consists of a ground floor with a loft, and two floors more, which has a total height of 58 feet.

The tower, except for the ground level designed for commercial locals, is for offices. It is a 53 feet wide parallelepiped, which is 110 feet long on the Tarragona Street side and 103 feet long in the back. The unoccupied terrain is for public use and underground are situated the accesses for the three basement floors. The first underground level is communicated with the ground floor of the tower, and the other two are a parking garage. The elevators, the stairs, the vestibule for each floor, the services and main corridors, are situated at the center of the tower thus freeing the façade for other uses.

In the low building, side patios communicate the five levels and sheets of glass are used to delimit the first floor. There are two nuclei of vertical communication: one is approximately halfway up the façade on the Tarragona Street side, and the other is behind the tower. The use of glass panels on the façade allows the exterior and interior space to be delimited. The side patios allow the environment to be visually defined, as well as affording climate control of the lower zones.

**Architects:** Fargas Ass SL (Josep M. Fragas Falp and Frederic Fargas Teixidó)
**Collaborator:** Josep M. Seradell Solsona
**Photography:** Jordi Miralles
**Location:** Barcelona, Spain
**Date of construction:** 1998
**Area:** 175,107 sq. ft

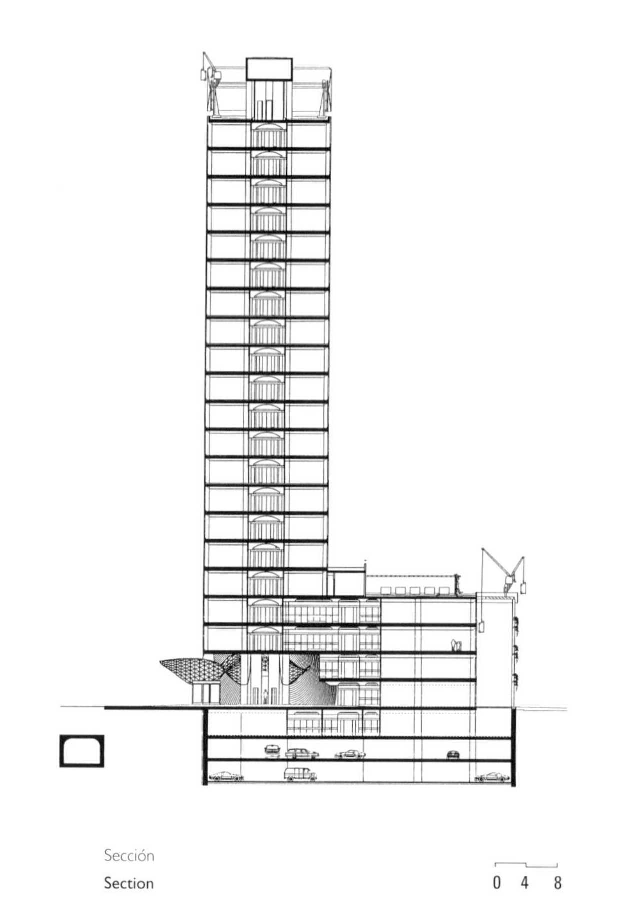

Sección

**Section**

0 4 8

Una sutil visión poética, enriquecida por un riguroso acometido técnico, tiñe el vestíbulo de entrada de este singular edificio comercial y de oficinas que se convierte en el eje central desde el cual se comunican las diferentes empresas que comparten el espacio.

A subtle poetic vision but with a solid technical foundation, imbues the entrance lobby of this unique office and commercial building. It is the nerve center from where all of the companies making use of the space, are communicated.

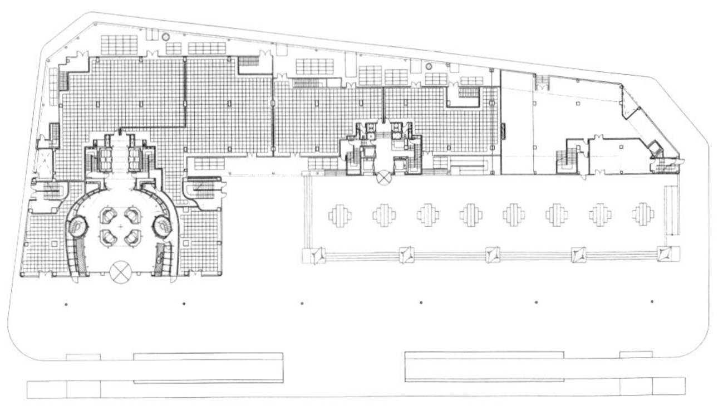

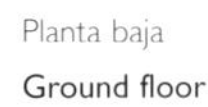

Planta baja

Ground floor

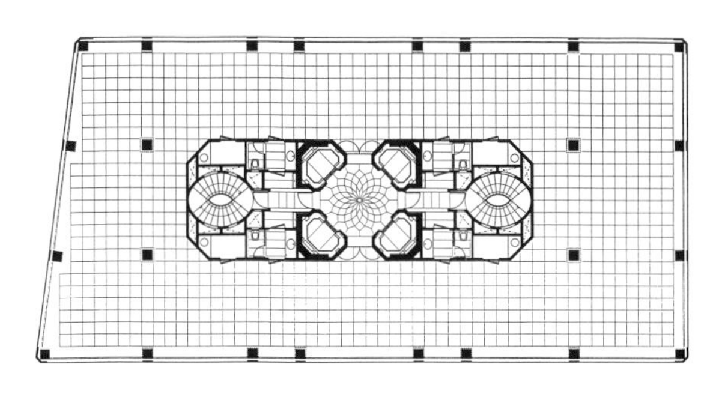

Planta tipo

Type plan

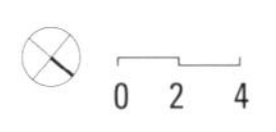

Los ascensores, el vestíbulo, las escaleras y los servicios de las instalaciones en la zona central se han ubicados juntos en la torre. Al situarse todos en un solo paquete se consigue liberar toda la fachada para el uso de oficinas.

**The elevators, the lobby, the stairs and the service installations are all situated in the center part of the tower. Consequently, the façade is left free to be used for offices.**

La escasez de luz natural en algunas zonas interiores requería una estrategia eficaz para repartir adecuadamente la iluminación. Por este motivo se decidió emplear una sugerente manera de iluminar artificialmente la entrada principal y el vestíbulo.

**The scarcity of natural light in some of the interior zones necessitated the shrewd and efficient use of illumination. As a consequence, evocative artificial lighting is used at the main entrance and in the lobby.**

15

# Edificio en la Rua do Aleixo Álvaro Siza Vieira

Fiel a una racional metodología de trabajo –característica que recorre toda su obra y que no es otra que la de hallar la solución más adecuada exigida por cada espacio, sociedad y paisaje– el arquitecto portugués Álvaro Siza proyectó este edificio de oficinas localizado en Oporto.

La construcción, que ocupa el centro del solar en el que se ubica, se independiza, a la vez que sobresale, de los edificios colindantes al guardar con ellos una distancia precisa y perfectamente calculada. Se trata de una edificación con planta en forma de U orientada a la desembocadura del río Duero. La planta baja queda parcialmente enterrada y ocupa casi la totalidad de la parcela. A pesar de ello, la solución de incluir dos patios situados al mismo nivel de esta planta logra una perfecta ventilación e iluminación de esta área destinada, en principio, a usos comerciales.

Muros portantes de hormigón armado –algunos apoyados sobre el terreno y otros sobre pilares también de hormigón– conforman la estructura exterior. Asimismo, se optó por centralizar en la zona norte de la construcción las escaleras, los ascensores y los servicios de manera que la ubicación de las instalaciones se resolvía en un núcleo único. Al igual que sucede en la mayoría de sus trabajos, esta sobria y a la vez sugerente construcción posee el sello inconfundible que distingue al arquitecto portugués. La trayectoria de Siza está presidida a menudo por entender el ejercicio de su profesión como una actividad que cabalga entre polos opuestos que, lejos de alejarse, se complementan: serenidad y entereza, adaptación al entorno y singularidad, contemporaneidad y presencia atemporal. Todos estos parámetros son reflejo de un quehacer y una sensibilidad artística que ha cautivado al panorama arquitectónico de su país a la vez que lo ha convertido en un sólido referente en esta disciplina a escala mundial.

**Arquitecto:** Álvaro Siza Vieira
**Fotógrafo:** Duccio Malagamba
**Ubicación:** Oporto, Portugal
**Fecha de construcción:** 1993-1997

# Álvaro Siza Vieira Building on Alexio Street

The Portuguese architect Álvaro Siza is always true to a rational methodology in his way of working, which is none other than to search for the best solution that each space, society and setting demands. Bearing this in mind, like always, he designed this office building in Porto.

The construction, situated in the center of the terrain, is independent and stands out from the nearby buildings. The distance is perfectly calculated in respect to them. It is a U-shaped building oriented towards the mouth of the Douro River. The ground floor is lowered and partially underground, and occupies nearly all of the terrain. Notwithstanding, two patios are situated at the same level and provide ventilation and light to this area that is for commercial use.

The exterior structure is made up of reinforced concrete load-bearing walls placed on the terrain or on top of concrete pillars. He chose to group together in one zone in the northern part of the building, the stairs, elevators and other services

As in the majority of his works, this sober and at the same time evocative construction carries the unmistakeable mark of this Portuguese architect. His architectural work is characterized by opposing poles: serenity, integrity, adaptation to the setting and singularity, comtemporariness and timelessness. However, instead of being in conflict, they complement each other. All of these parameters are a reflection of his style of work and artistic sensitivity that have captivated the architectural scene in his country, while at the same time, have made him a worldwide point of reference in architecture.

**Architect:** Álvaro Siza Vieira
**Photography:** Duccio Malagamba
**Location:** Porto, Portugal
**Date of construction:** 1993-1997

Álvaro Siza concibió este edificio con una planta en forma de U orientada a la desembocadura del río Duero. Como en la mayoría de los trabajos del arquitecto portugués, el entorno en el que se ubica la construcción adquiere una gran importancia.

**Álvaro Siza conceived this edifice as a U-shaped plan oriented towards the mouth of the Duero River. Like in the majority of his works, the setting takes on great importance.**

La planta baja se encuentra parcialmente enterrada y ocupa la totalidad de la parcela. La solución de situar dos patios al mismo nivel consigue resolver los problemas de iluminación y ventilación.

**The ground floor is partially underground and occupies nearly all of the terrain. By situating two patios at the same level, it helps to resolve the problems of light and ventilation.**

El sistema estructural de la construcción está conformado por unos muros portantes de hormigón armado que se apoyan bien sobre la base del terreno bien sobre pilares también de hormigón.

**The exterior structure is made up of reinforced concrete load-bearing walls placed on the terrain or on top of concrete pillars.**

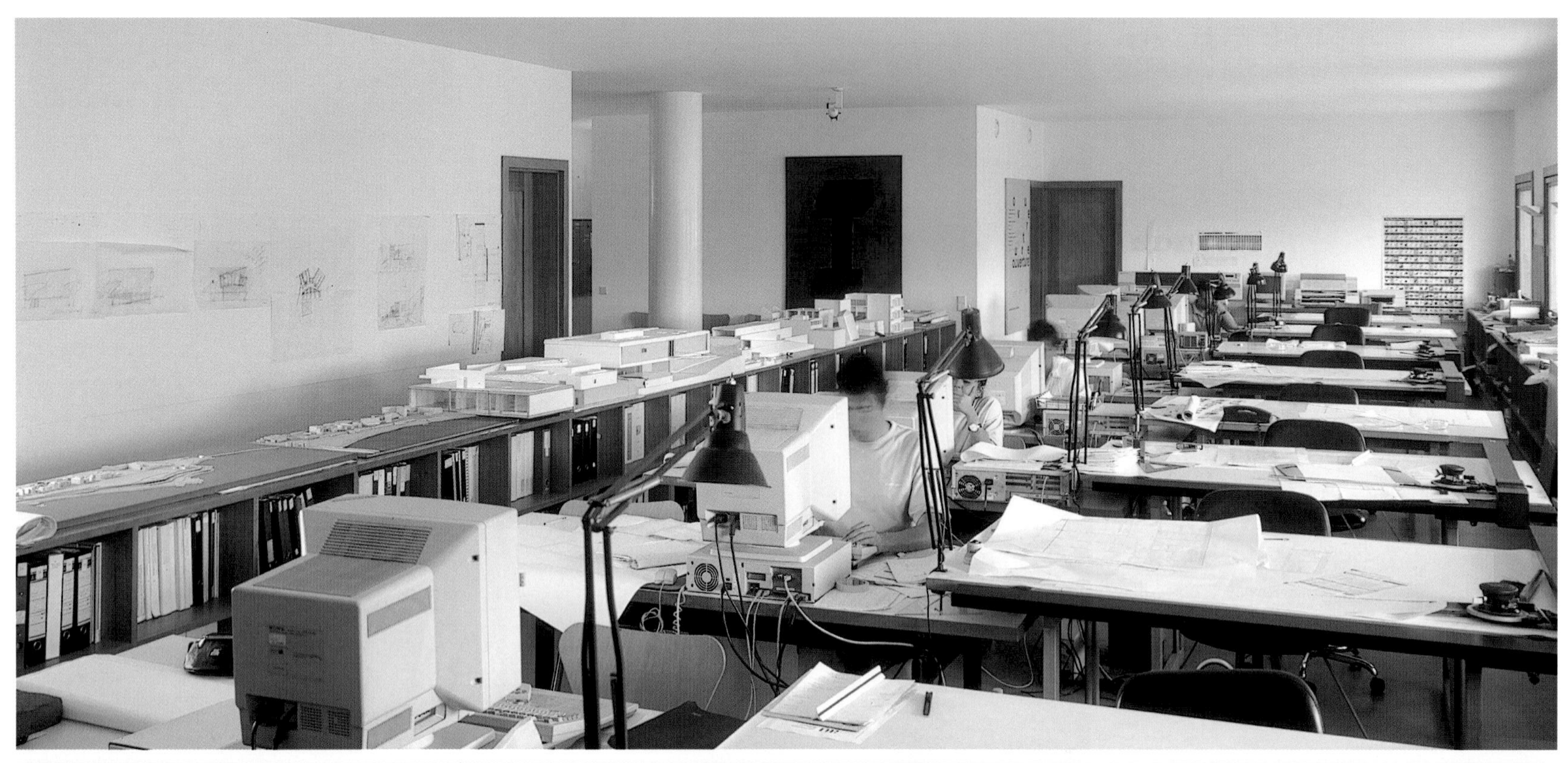

Los interiores se han resuelto como espacios diáfanos, homogéneos y visualmente muy despejados. Las tonalidades neutras y las entradas de luz natural, materializada en numerosos ventanales, acentúan esta idea de orden y fluidez.

**He designed the interiors to be diaphanous, homogeneous and visually uncluttered spaces. The neutral tones and the natural light flowing in from the numerous large windows, accentuates the idea of order and flow.**

# Edificio Sportplatzweg

## Christian Lenz & Hermann Kaufmann

Con la aparente intrascendencia de un ejercicio lúdico –la planta de esta construcción se inspira en la armonía y sencillez de la geométrica figura de un rectángulo–, los arquitectos responsables del proyecto se enfrentaron al desafío de dar cuerpo a unas instalaciones en las que pueden apreciarse las características que definen el trabajo de estos profesionales, que no son otras que la precisión, un profundo respeto por el entorno y un perfecto equilibrio entre función, forma y tecnología expresado a través de la estructura, los materiales y la construcción.
El proyecto está dominado por un esquema lineal sin caer en la rigidez extrema de las construcciones racionalistas. Formalmente, se concibió como un volumen de líneas depuradas recorrido por múltiples aberturas que en el interior se traducen en ventanales que permiten una generosa entrada de luz natural y que lo comunican visualmente con el paisaje. La diversidad espacial y funcional que requieren estas instalaciones propició que los responsables pudieran experimentar con conceptos que se materializan en un atractivo juego de contrastes visuales. El resultado es un diseño que trasciende las limitaciones formales y materiales y vierte toda su carga poética en unos interiores sutiles por los que fluyen serenos la luz y el espacio para configurar juegos de atractivas transparencias.
El orden y la linealidad expresada en los volúmenes exteriores sigue reflejándose y potenciándose en los interiores. Se trata de espacios definidos por una coherente organización y polivalencia absoluta. Un sobrio mobiliario de líneas puras y simples, así como el empleo de madera para revestir algunas paredes y para la mayoría de los muebles, otorga al ambiente una acogedora calidez que se combina con la transparencia y la fragilidad del vidrio de los ventanales que recorren la fachada longitudinalmente.

**Arquitectos:** Christian Lenz & Hermann Kaufmann
**Fotógrafo:** Ignacio Martínez
**Ubicación:** Schwarzach, Vorarlberg, Austria
**Fecha de construcción:** 1999
**Superficie:** 1.390 $m^2$

## Christian Lenz & Hermann Kaufmann

# Sportplatzweg Building

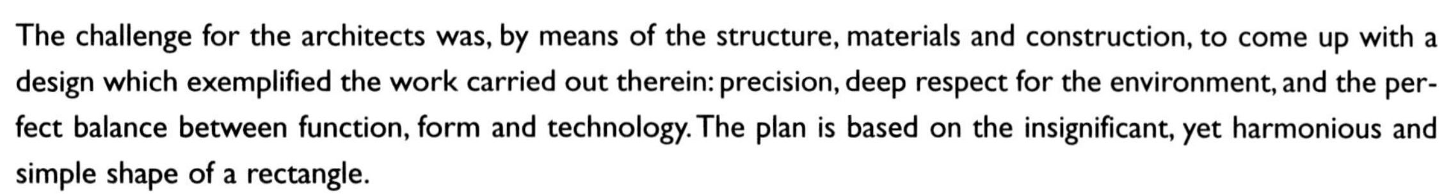

The challenge for the architects was, by means of the structure, materials and construction, to come up with a design which exemplified the work carried out therein: precision, deep respect for the environment, and the perfect balance between function, form and technology. The plan is based on the insignificant, yet harmonious and simple shape of a rectangle.
The plan is based on a lineal scheme but without being excessively rigid like some of the rationalist construction. It is conceived as a volume with refined lines with many apertures that are windows. They afford abundant natural light and visually communicate it with its surroundings. The installations required spatial and functional diversity, so the architects experimented with concepts of visual contrasts. The design transcends formal and material limitations. The interiors are a poetic display where space and light flow serenely, and we are afforded an interplay of lovely transparencies.
The order and lineality expressed in the exterior volumes, is reflected and accentuated in the interiors. They are coherently designed and very versatile. Sober furniture with simple and pure lines, and wood to cover some of the walls and for the majority of the furniture, is used. This, combined with the transparency and fragility of the glass windows all along the façade, confers the atmosphere with a welcoming warmth.

**Architects:** Christian Lenz & Hermann Kaufmann
**Photography:** Ignacio Martínez
**Location:** Schwarzach, Vorarlberg, Austria
**Date of construction:** 1999
**Area:** 14,946 sq. ft.

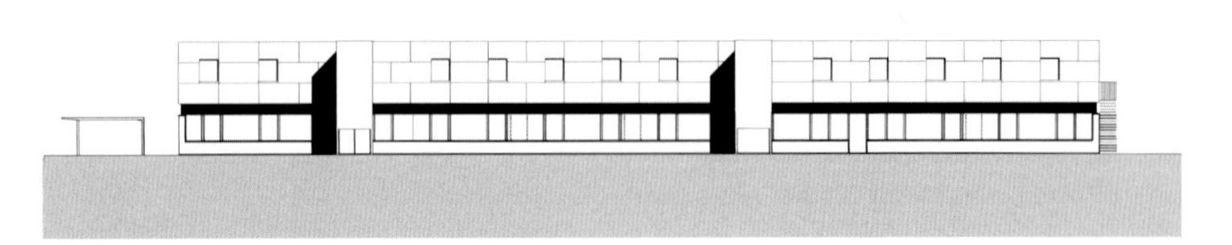

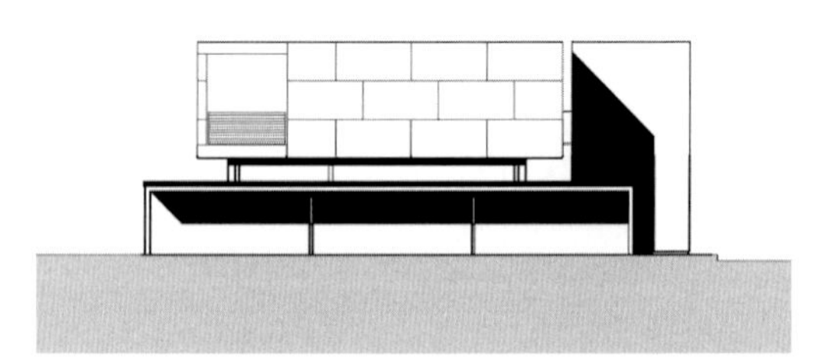

Alzados

**Elevations**

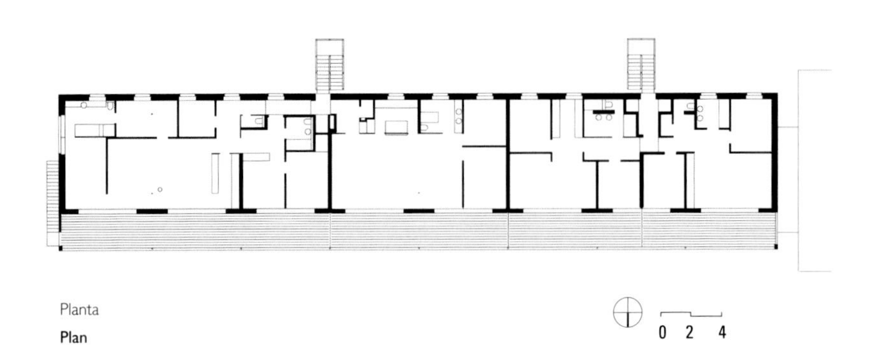

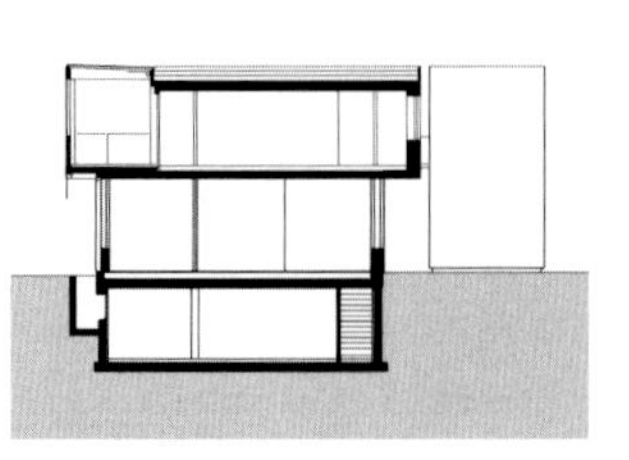

Planta

**Plan**

0 2 4

Sección

**Section**

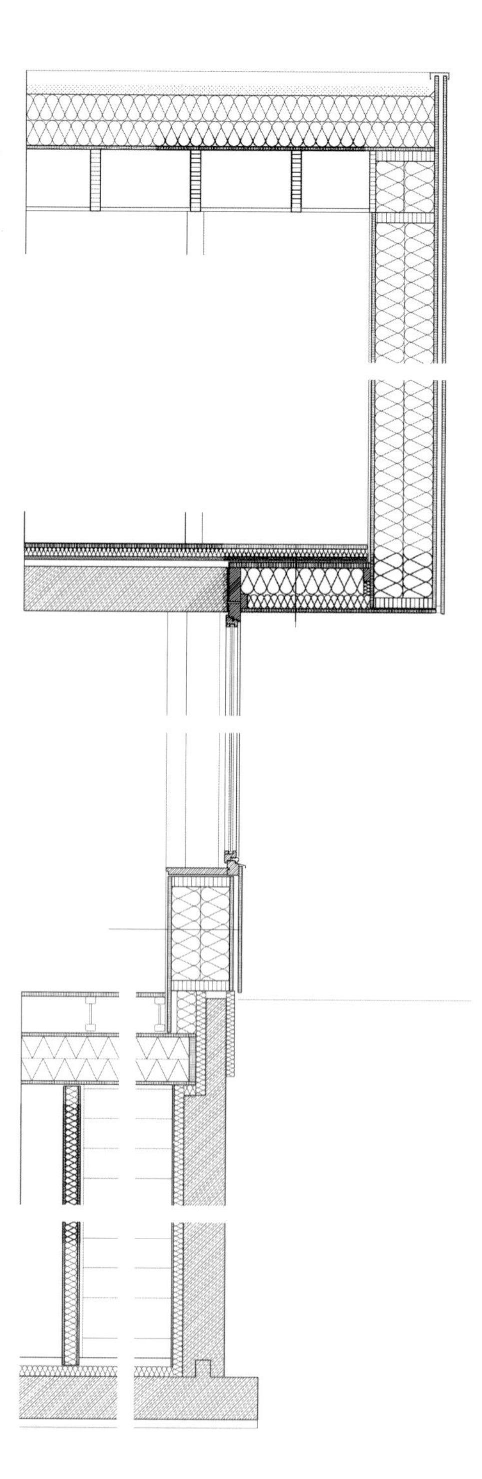

Detalle constructivo

**Constructive detail**

Uno de los principales objetivos era crear un espacio ágil, dinámico y funcional en el que no se dejara de lado el atractivo estético y visual.

**One of the main premises was to provide an agile, dynamic and functional space, that was aesthetically and visually attractive at the same time.**

# Call Center of Lloyd 1885 Enrico Frigerio

Call Center representa un nuevo modo de trabajar basado en el uso del teléfono y de las nuevas tecnologías informáticas. El proyecto, firmado por el arquitecto Enrico Frigerio –procedente del estudio de arquitectura de Renzo Piano–, incide tanto en la actividad que desempeña la empresa como en que el ambiente tenga su propia personalidad, lo que se traduce en espacios flexibles, confortables y eficaces. Se ha optado por diseñar unos interiores acogedores y unos ambientes que en algunos momentos parecen más estancias domésticas que espacios laborales, ya que se juega con el color –que irrumpe de manera descarada y expresiva en algunas zonas–, se emplean texturas y materiales cálidos y se incorporan piezas de mobiliario cómodas y funcionales.
Las oficinas se han ubicado en un edificio ya existente y se extienden a dos plantas con capacidad para acoger a unos 200 empleados. El local dispone de una planta lineal que facilita la organización de las diferentes zonas. Las funciones operativas se han situado en el perímetro exterior del edificio para poder aprovechar mejor la luz natural, y en la parte más interior se han instalado todas las áreas destinadas a servicios. El color y los materiales se convierten en elementos divisorios del espacio ya que, en función de su utilización, puede percibirse el tipo de actividad que acogen. Un espacio geométricamente ordenado y abierto conforma una especie de isla en el interior del local., definida por una superficie curva de aluminio coloreado que alberga las estancias comunes.
Las zonas de trabajo se organizan en grupos de cuatro dispuestos perpendicularmente para facilitar la ubicación de los ordenadores y otros equipos. Los colores en esta zona también se han cuidado al máximo, al igual que los materiales y el mobiliario.

**Arquitecto:** Enrico Frigerio
**Fotógrafo:** Matteo Piazza
**Ubicación:** Milán, Italia
**Fecha de construcción:** 1998
**Superficie:** 2.600 m²

# Enrico Frigerio Call Center of Lloyd 1885

Call centers represent a new way of working which is based on the use of the telephone and new computer technologies. This project was signed by Enrico Frigerio who came from the Renzo Piano architectural studio. The type of work carried out herein was important but too, that the space have its own personality. Thus they opted for flexible, comfortable and efficient spaces. The choice was for warm interiors and ambiences that at times seemed more like the rooms in a home, than work places. This was done by playing with color, which is striking and expressive in some zones, by the use of warm textures and materials, and comfortable and functional pieces of furniture.
The offices are housed in two floors in an already existing building and have a capacity for 200 employees. The floor plan is lineal which facilitates the organization of the different zones. The operating functions are situated on the exterior perimeter so as to better take advantage of the natural light, and the services are placed in the interior. The color and the materials serve to divide up the space. Depending on which is used, we can know what activity is carried out there. A geometrically ordered and open space in the shape of a kind of island, is in the interior of the local. It is delimited by a kind of curved colored aluminum, and is where the common areas are.
The work areas are organized perpendicularly in groups of four, in order to facilitate work and the setting up of the computers.

**Architect:** Enrico Frigerio
**Photography:** Matteo Piazza
**Location:** Milan, Italy
**Date of construction:** 1998
**Area:** 27,956 sq. ft.

La luz, natural o artificial, se define de diferente modo según el uso a fin de poder controlar la cantidad necesaria para garantizar en todo momento un nivel de iluminación óptimo. En cuanto a la insonorización del espacio, se ha solucionado con materiales y plafones especiales.

**Bearing in mind the different needs, light, both natural and artificial, are well planned and incorporated into the design. By the use of plafonds and special materials, the acoustics are well resolved.**

Con el fin de recrear una estancia doméstica se ha habilitado un espacio de relax para que los trabajadores puedan descansar y distraerse. Para conseguir la calidez de un hogar se ha optado por una iluminación sugerente, sofás, una librería con una televisión y música, mesas de madera y sillas de colores y una pequeña cocina bien equipada.

**In order to recreate a household setting, they designed a space where the personnel could rest and take a break from the work routine. To achieve the warmth of a home, they used suggestive lighting, sofas, a bookcase with a television and a hi-fi, wooden tables, chairs of different colors and a small, but well-equipped kitchen.**

LOYD 1885

Las zonas de trabajo se han concebido teniendo en cuenta factores ergonómicos, visuales, acústicos y en relación con la calidad del aire. Se han cuidado al máximo los detalles para lograr un ambiente cómodo y funcional en el que se facilitan las tareas laborales.

**The work areas were designed bearing in mind ergonomics, the visual setting, acoustics and the quality of the air. Great care was taken with all of the details in order to achieve a comfortable and functional atmosphere, where the work would be facilitated.**

## Service Center en la ZAL GCA Arquitectos

Dos rectángulos superpuestos dan forma al edificio en el que se ubica el centro de negocios Service Center, en la zona de actividades logísticas (ZAL) del puerto de Barcelona. El programa prevé una área pública con usos de centro comercial y restauración y otra zona privada destinada a oficinas modulares de alquiler, un centro de formación y un auditorio. Inevitablemente, dos particularidades definen esta edificación; por un lado la tipología del terreno y, por otro, los requerimientos funcionales del complejo, que debía acoger actividades de índole muy diversa.
La zona pública se desarrolla en dos niveles, uno enterrado que contiene un aparcamiento, servicios generales, archivos y almacenes para los locales comerciales, y completa el programa general del edificio. Sobre esta base descansa otro cuerpo que acoge los distintos espacios comerciales y que se ha proyectado como una masa pétrea y homogénea que se integra en la zona ajardinada. A este pesado volumen se ha añadido otro cuerpo revestido de materiales ligeros: una caja de aluminio y cristal. Se trata de una construcción desarrollada en cinco niveles. En este edificio, los núcleos de circulación vertical y los servicios se ubican en el centro de la planta y se reserva el perímetro exterior para los módulos de oficinas.
En el interior de la base se proyectó un patio descubierto que refuerza los accesos al centro comercial a la vez que se dibuja un espacio exterior resguardado y ordenado con geometrías precisas. Este recurso contrasta con el resto del ajardinamiento de la parcela, que se ha resuelto con formas orgánicas. Contrarrestando la rigidez y contundencia de líneas arquitectónicas de las fachadas, se han suavizado las formas empleando la fragilidad y transparencia del vidrio y el metal. Materiales que además se encargan de comunicar visualmente las áreas interiores con el exterior.

**Arquitectos:** GCA Arquitectos (Josep Riu de Martín)
**Fotógrafo:** Jordi Miralles
**Ubicación:** Barcelona, España
**Fecha de construcción:** 2001

## GCA Arquitectos Service Center in the ZAL

Two superimposed rectangles make up the form of the building that houses the Service Center business center in the logistics zone (ZAL) in the port of Barcelona. The project is divided into a public area for a commercial center and restaurants, and a private area targeted for use as modular offices for rent, a training center and and auditorium. Two factors significantly influenced the design: the topography of the terrain and the functional requirements of the complex as it would be housing activities of a very diverse nature.
The public area is made up of two levels. One is underground and contains parking, general services, archives, and storerooms for the commercial locals. The level above with the commercial locals, is conceived as a massive homogeneous stone which is integrated into garden area. To this volume is added an enclosure consisting of architectural concrete, a heavy volume on which rests another body which is covered with light materials and an aluminum and glass box. The construction consists of five levels. Here, the vertical circulation and the services are placed at the center of the floors and the perimeters are reserved for office space.
In the interior of the base an open patio was incorporated which affords more access to the commercial center whilst delimiting a sheltered ordered exterior space of exacting geometry. This contrasts with the rest of the garden area which is characterized by more organic forms. To counteract the rigidity and heaviness of the architectural lines of the façacades, the shapes were softened by the use of glass and metal which confers fragility and transparency. Likewise, these materials help to visually communicate the interior and exterior areas.

**Architects:** GCA Arquitectos (Josep Riu de Martín)
**Photography:** Jordi Miralles
**Location:** Barcelona, Spain
**Date of construction:** 2001

Desde el exterior puede apreciarse un volumen de generosas dimensiones dominado por la rigidez de las líneas geométricas. Una de las fachadas se ha concebido como un contundente muro salpicadoa de numerosas aberturas rectangulares. En cambio, la otra se ha resuelto cubriendo los ventanales con una estructura metálica.

**From outside we perceive a volume of quite large dimensions which is characterized by the rigidness of geometrical lines. One of the faces was conceived as an imposing wall dotted with numerous rectangular apertures. On the other façade, on the other hand, the large windows are covered with a metal structure.**

Lamas metálicas móviles cubren las ventanas situadas en una de las fachadas. Este revestimiento, además de dibujar atractivos juegos visuales en la percepción del conjunto tanto desde dentro como desde fuera del edificio, permite regular la entrada de luz y tamizarla allí donde es necesario.

**The windows on one of the façades are covered with moveable metal slats. This covering affords a lovely visual interplay of the ensemble both from the exterior and from the interior. Likewise, it allows the flow of light in to be regulated and filtered wherever necessary.**

En uno de los extremos del vestíbulo de entrada al área de oficinas nace una espectacular escalera volada que comunica los diferentes niveles de la construcción. Visualmente, la escalera es de una liviandad exquisita, al levantarse en escuetos escalones de mármol, acero y cristal.

**At one of the ends of the entrance lobby in the office area, a spectacular staircase juts out and communicates the different levels. It has the appearance of an exquisitely light decorative piece, as it rises up with its simple steps of marble, steel and glass.**

Las líneas geométricas se repiten también en la concepción de unos interiores en los que domina la luminosidad, el orden, la fluidez y la pureza visual. La contención y austeridad, reforzada por los materiales y la distribución espacial, son los verdaderos protagonistas.

**The geometric lines are repeated in the conception of the interiors where luminosity, order, flow and visual purity, are prominent. Restraint and austerity, strengthened by the materials and the spatial distribution, are what truly come to the forefront.**

El mobiliario elegido para decorar las oficinas es discreto y confortable. Se ha huido de la espectacularidad formal de los diseños y en su lugar se ha optado por piezas ergonómicas y muy funcionales.

**The furniture for the decoration of the offices is discrete and comfortable. They shied away from a formal showiness and instead opted for a more ergonomic and functional design.**

# Unit-F Rataplan

El objetivo de esta intervención arquitectónica no era otro que configurar un nuevo espacio flexible, dinámico y multifuncional para albergar la sede de esta empresa dedicada al sector de la moda textil. El proyecto requería una fluida transición entre todas las áreas que lo conforman y que deben acoger diferentes usos dentro de la empresa. Uno de los objetivos principales era equipar el espacio de la mejor manera posible pero con las menores alteraciones en las áreas ya existentes del inmueble original.

El programa, una planta bastante regular que permite una eficaz distribución espacial, se ha concebido en dos niveles. A la hora de dibujar este espacio, el elemento textil desempeña –y no sólo como símbolo representativo de la actividad de la compañía– una gran importancia tanto a escala estética como funcional, ya que protege las zonas de la luz exterior y permite tamizarla a voluntad. Asimismo, también se convierte en un elemento divisorio al crear, dependiendo de su ubicación, diferentes áreas dentro de un mismo espacio. Otro de los recursos empleados a la hora de dibujar espacios es la incorporación de paneles móviles o puertas correderas. Solución que ayuda, además de a dar mayor libertad de movimientos entre los diferentes ambientes, a que los costes no se disparen y a otorgar al conjunto un atractivo carácter temporal.

Mobiliario ergonómico, una paleta cromática de tonos fríos y metálicos, una atmósfera futurista y unas soluciones atrevidas y acertadas definen este contemporáneo espacio, que cautiva por su contenida decoración, en la que reina el minimalismo aunque salpicado con algunos elementos ornamentales que impregnan el ambiente de unos inspiradores aires pop.

**Arquitectos:** Rataplan
**Fotógrafo:** Markus Tomaselli
**Dibujos:** Otto Arnold
**Ubicación:** Viena, Austria
**Fecha de construcción:** 2000
**Superficie:** 260 m²

# Rataplan Unit-F

The premise of this architectural intervention was simply to design a new flexible, dynamic and multifunctional space to house the headquarters of a company in the textile fashion industry. The design required a fluid communication between all of the different areas with diverse uses that made up the design. One of the main premises was to outfit the space in the best way possible but with the least amount of modifications possible, in the already existing areas of the original premises.

The project entails two levels with a floor plan that is quite regular, which affords an efficient spatial distribution. The textile theme takes on great prominence in the design, and not only as a symbolic representation of the activity of the company. It is important both aesthetically and functionally as it is used to shield the interiors from exterior light, and allow it to be filtered at will. Likewise, it is used to partition different zones within the space. Another recourse for delimiting spaces is the use of mobile panels and sliding doors. This affords greater freedom of movement between the different ambiences, endows it with an attractive temporal character, and helps to keep design costs under control.

This contemporary space is characterized by ergonomic furniture, a chromatic palette of cold and metalic tones, and a futuristic atmosphere achieved both daringly yet successfully. We are captivated by the restraint of the interior decoration where minimalism is prominent though interspersed with decorative elements that imbue the atmosphere with a pop art air.

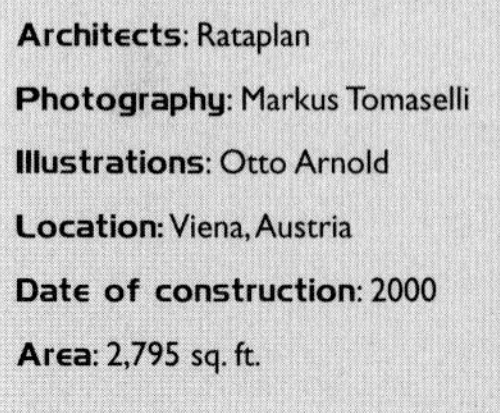

**Architects:** Rataplan
**Photography:** Markus Tomaselli
**Illustrations:** Otto Arnold
**Location:** Viena, Austria
**Date of construction:** 2000
**Area:** 2,795 sq. ft.

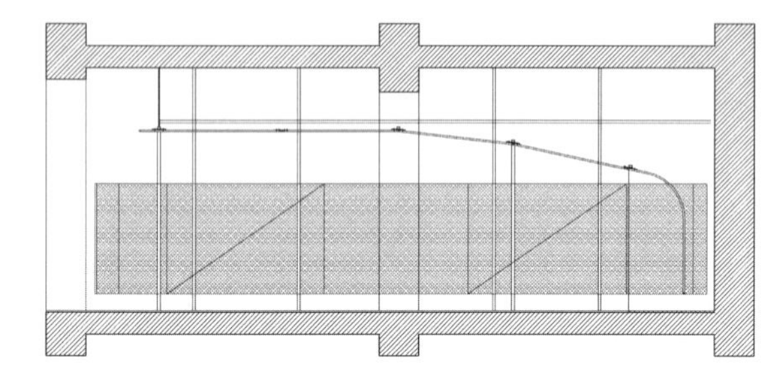

Sección

**Section**

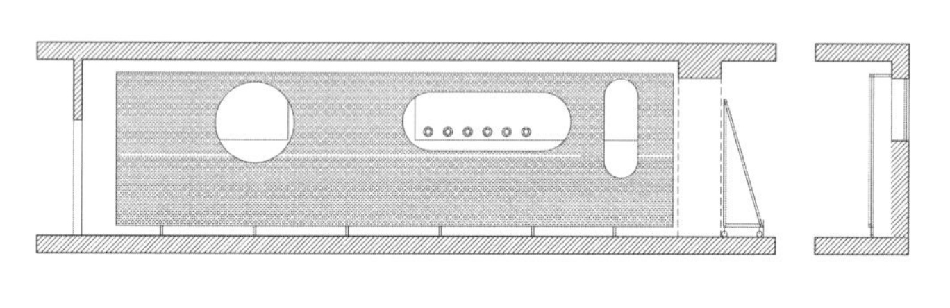

Sección

**Section**

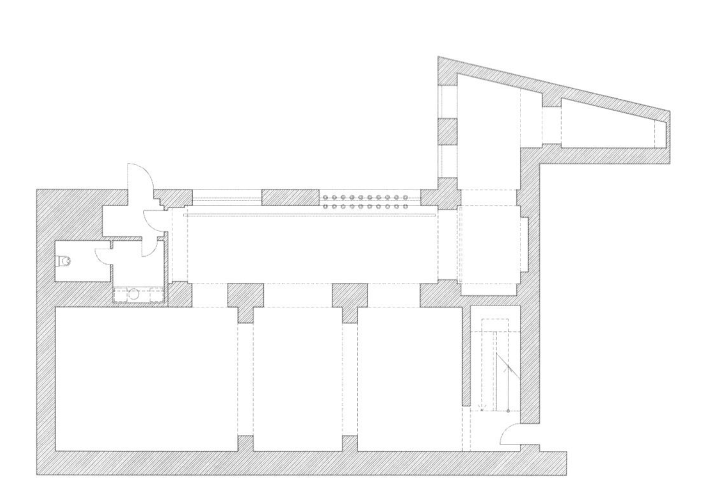

Planta baja

**Ground floor**

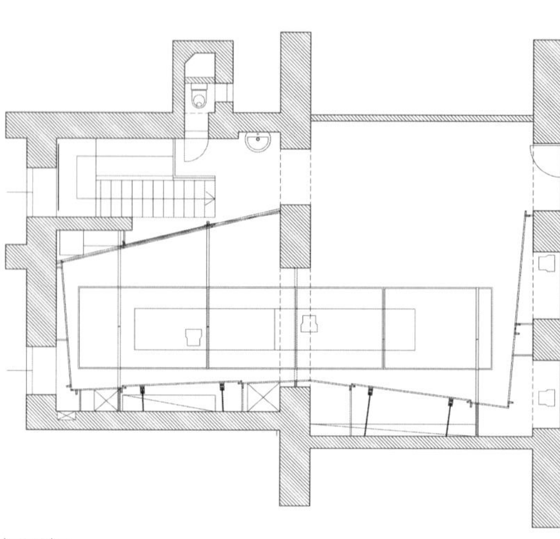

Primer piso

**Second floor**

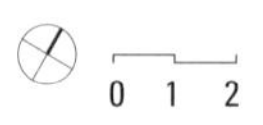

La organización espacial se consigue a partir de diferentes soluciones, como el empleo de paneles separadores, puertas correderas o la colocación de telas en algunas zonas. La ausencia de diversidad cromática se contrarresta con la inclusión de notas de color en el mobiliario y en los detalles.

**It is spatially organized by the use of separating panels, sliding doors or the placement of fabrics in some zones. The lack of chromatic diversity is countered by the use of touches of color in the furniture and in some of the decorative details.**

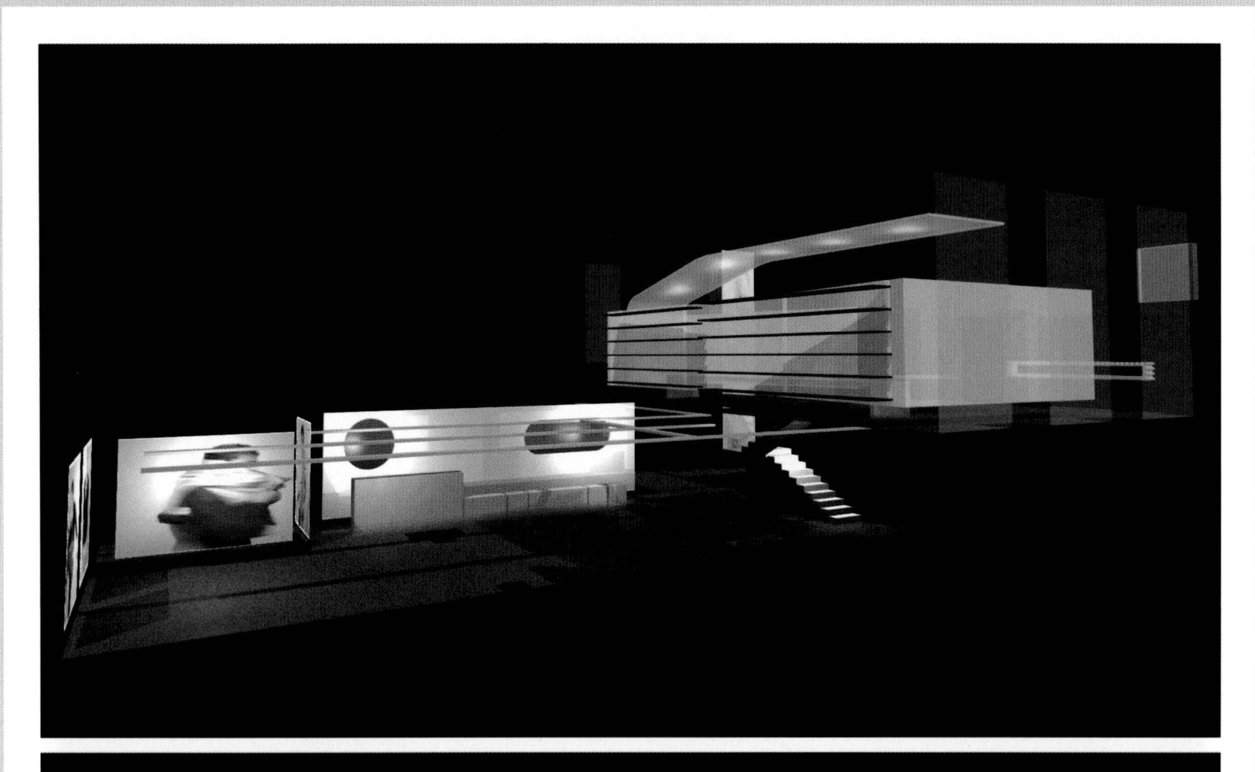

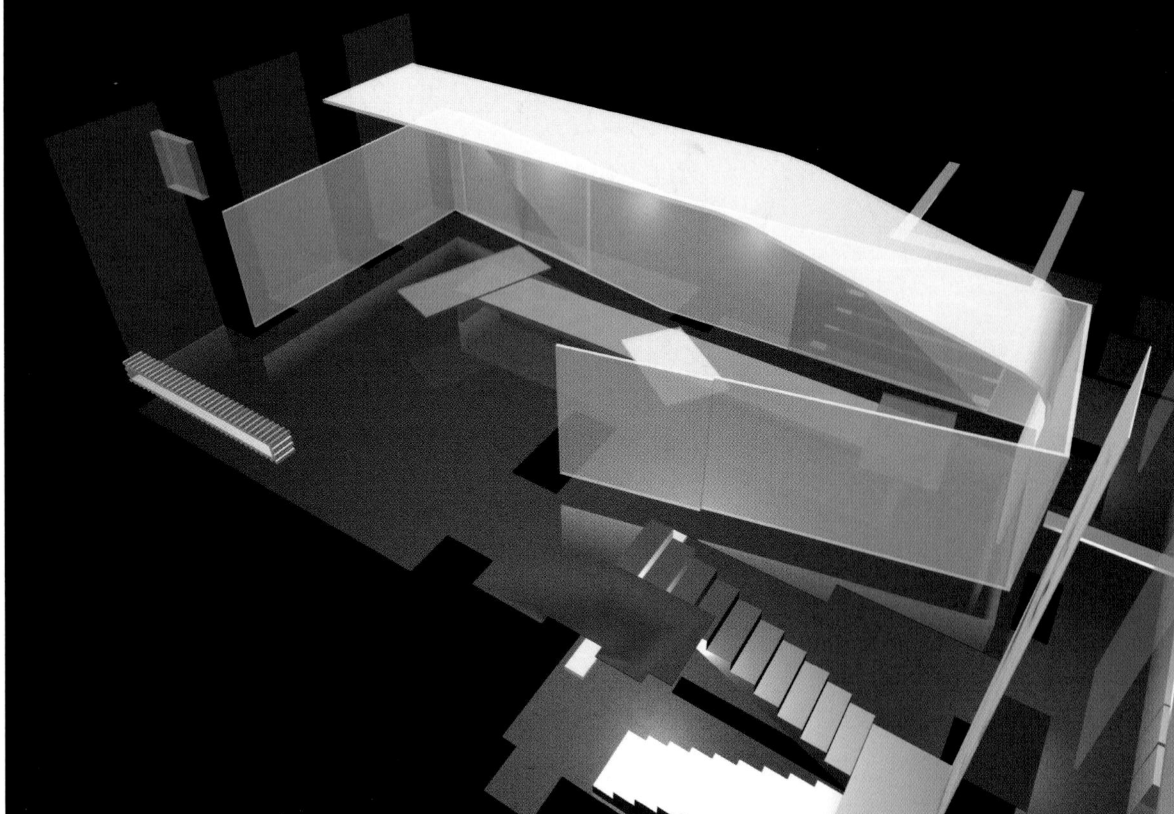

La imagen tridimensional muestra una panorámica del local y del modo en que se ha organizado y distribuido el espacio disponible.

**The tridimensional picture affords a panoramic view of the local and how the available space is organized and distributed.**

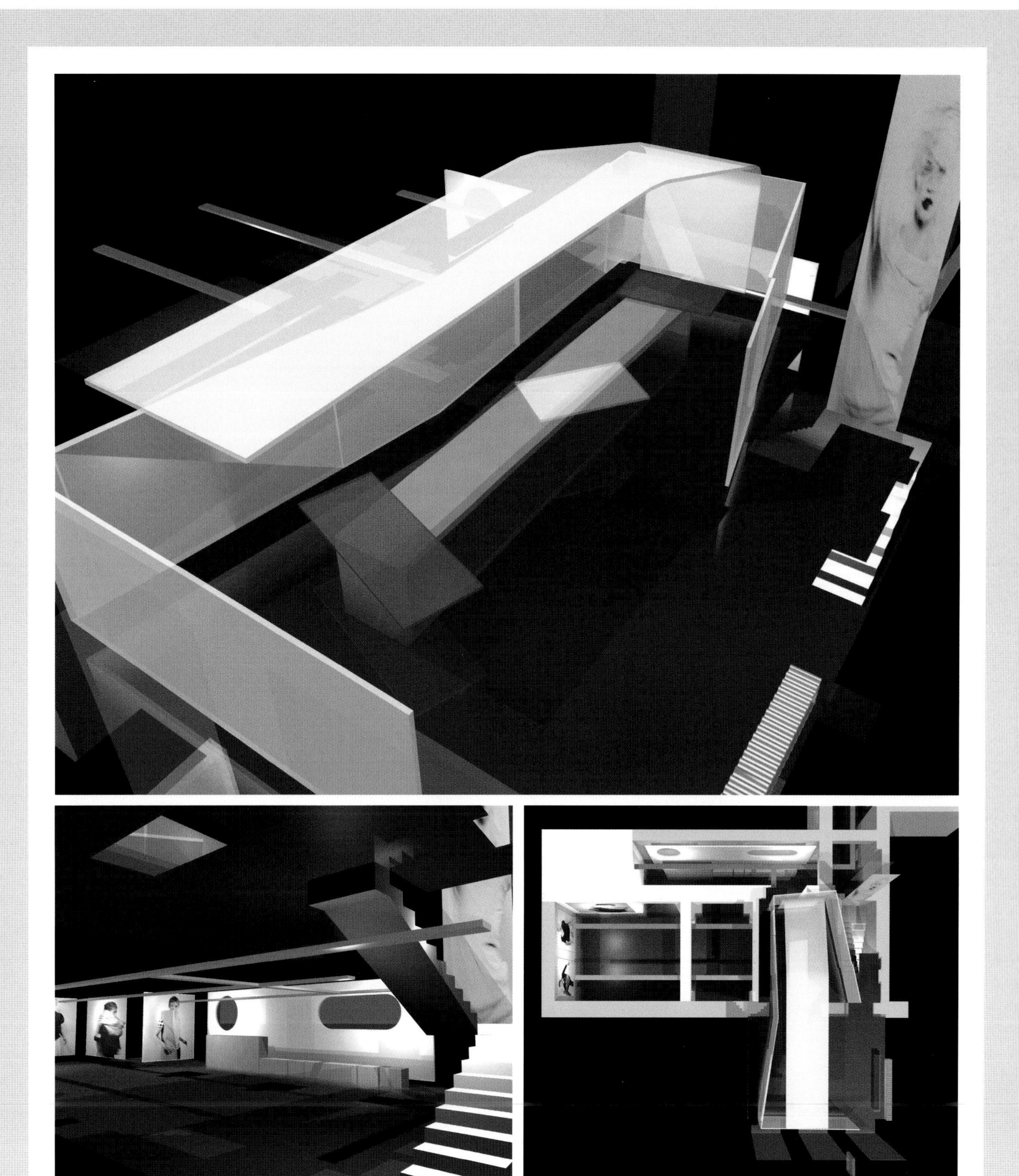

# Pronovias Barcelona GCA Arquitectos

Las nuevas oficinas de esta firma en Bacelona se han ubicado en un edificio ya existente situado junto a la autovía de Castelldefels y que tuvo que ser convenientemente remodelado debido a las peculiaridades formales que presentaba. El objetivo principal era dotar a la construcción –fragmentada tras la incorporación de diferentes volúmenes en diversas intervenciones– de una imagen unitaria y homogénea. Además debía resolver de manera eficaz las dos funciones que se le demandaban: albergar tanto las oficinas como las áreas destinadas a producción. El tejido industrial consolidado de la zona –que confiere al conjunto un carácter suburbano– y el entorno –un espacio límite junto a una autopista y de trazas fuertemente diferenciadas– que definen la estructura de la parcela ha marcado inevitablemente la concepción de este proyecto.

La intervención ha intentado dar respuesta a todos los condicionantes; uno era no afectar al proceso de producción con la actuación y el otro, llevar las fachadas a las alineaciones fijadas por la normativa vigente. Así, se decidió sustituir la fachada que da a la autovía –retranqueada y fuera de ordenación– por un plano de cristal, pautado por las líneas de sombra que provocan las lamas de aluminio que se han empleado para cubrir estos grandes paneles. El resto del volumen se ha recubierto con una nueva piel de aluminio.

El programa se desarrolla en cinco niveles. Las tres primeras plantas se han reservado para las oficinas, y en los dos niveles restantes se han ubicado las zonas de producción. En el interior se redefinieron los núcleos verticales de comunicación y se proyectó un acceso principal. Los materiales utilizados en estos espacios (melanina, acero, madera de arce, aluminio y granito negro) consiguen dibujar un ambiente sereno, acogedor, funcional y polivalente.

**Arquitectos:** GCA Arquitectos (Josep Riu de Martín)
**Fotógrafo:** Jordi Miralles
**Ubicación:** Barcelona, España
**Fecha de construcción:** 2001

# GCA Arquitectos Pronovias Barcelona

The new offices of the firm in Barcelona are housed in an already existing building on the Castelldefels highway. Owing to its formal peculiarities, it had to be duly remodeled. The main premise was to endow the construction with a unitarian and homogeneous image as, at the time, it was fragmented due to the incorporation of different volumes from previous different rehabilitations. Furthermore, the construction was required to house both offices and production facilities. The environment is a consolidated industrial area, which confers it with a suburban air, and the site is next to a highway. This defines the structure of the terrain and invariable marks the conception of the project.

The project attempted to successfully bear in mind all of the conditioning factors. They attempted to not disturb production, and the façades were altered to conform to the building codes in the zone. They decided to replace the façade on the highway, which was out of line with the present building code, with a glass plane covered with aluminum slats. The shadows from the slats draw lines on the plane, and break up its solidness. The rest of the volume was covered with a new aluminum skin.

The project entails five levels. The firsts three floors are reserved for offices and the other two for production. The vertical communication was redesigned and a main access was incorporated. The materials used in these spaces—melanin, steel, maple wood, aluminum, dark granite—grant a serene, inviting, functional and versatile atmosphere.

**Architects:** GCA Arquitectos (Josep Riu de Martín)
**Photography:** Jordi Miralles
**Location:** Barcelona, Spain
**Date of construction:** 2001

En una de las fachadas se ha empleado un revestimiento a base de muro cortina semiestructural con rotura de puente térmico, doble acristalamiento y chapa metálica de aluminio lacado.

**On one of the façades the covering consists of a curtain wall with cold bridging, double glazing, and the metal is lacquered aluminum.**

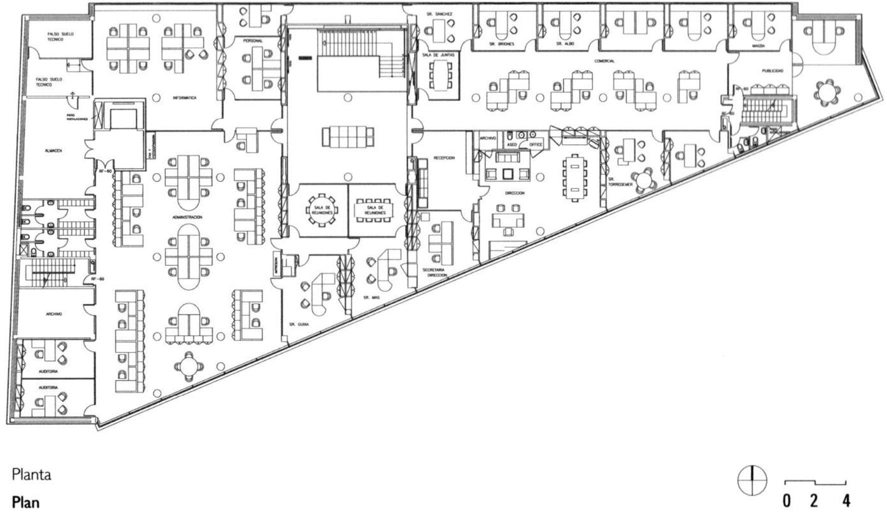

Planta

**Plan**

0 2 4

En las zonas de trabajo se han empleado tabiques y divisiones con estructura de aluminio y acero, se han aplacado las paredes con melanina, revestido los pilares con plancha de aluminio, colocado moqueta en el pavimento e instalado falsos techos en los que se inserta la iluminación.

**In the work areas they have use partitions made of aluminum and steel, the walls are subdued with melanin, and the pillars are clad with sheet aluminum. Also, false ceilings house the lighting and carpeting is installed on the floor.**

PRONOVIAS
ST. PATRICK
LA SPOSA

Algunas piezas de mobiliario han sido diseñadas por el mismo equipo de arquitectos que se ha responsabilizado de la construcción. En la sala de desfiles se ha optado por crear un ambiente acogedor, diáfano y funcional que facilite el movimiento.

**Some of the furniture pieces were designed by the architects. In the fashion show hall the choice was for a warm, diaphanous and functional atmosphere that facilitates freedom of movement.**

# Edificio Regatta Audrey Matlock

Audrey Matlock recibió el encargo de proyectar este edificio de oficinas que acoge la sede de diferentes empresas americanas, para lo cual creó una atmósfera serena, funcional y acogedora a la vez que buscaba conseguir una imagen industrial de tecnología y modernidad.

Las instalaciones se encuentran situadas cara al río Hudson y al South Cove, que le confieren magníficas vistas de las que disfrutan gracias al empleo de cristal y de paneles deslizantes como principales elementos constructivos y a la distribución de gran número de oficinas privadas alrededor del perímetro. Además, generosos ventanales de dimensiones considerables y techos pintados de blanco resaltan y expanden la luminosidad por todo el espacio.

Ante estas enormes ventanas se han situado algunos paneles móviles de madera que penden del techo e incorporan luz. Se ha optado por emplear componentes industriales –que resultan más duraderos–, materiales nobles como la madera y accesorios de luz que garantizan una buena iluminación artificial tanto en las áreas de trabajo como en los almacenes.

Los protagonistas indiscutibles de este espacio son, sin duda, el orden, la simetría y la luz. Estos parámetros imperan en todo el ambiente y son estrictamente necesarios, ya que de otro modo no sería posible obtener partido del espacio disponible. Todo está perfectamente calculado para lograr el efecto deseado, de manera que las soluciones arquitectónicas y los recursos decorativos consiguen que la fluidez invada los rincones. Homogeneidad, buenas intenciones y una sobria combinación de propuestas son el secreto del éxito de este espacio contenido, eficaz y funcional.

**Arquitecto:** Audrey Matlock
**Fotógrafo:** Catherine Tighe
**Ubicación:** Nueva York, Estados Unidos
**Fecha de construcción:** 2001
**Superficie:** 1.395 m²

# Audrey Matlock Regatta Building

Audrey Matlock was commissioned with the design of this office building that would be home to the headquarters of different American companies. A serene, inviting and functional atmosphere was created which likewise, sought to afford an industrial image of technology and modernity.

The premises face the Hudson River and South Cove, thus affording magnificent views. These can be enjoyed as glass and sliding panels are the main construction elements, and a large number of private offices are distributed along the perimeter of the building. Furthermore, very large windows and ceilings in white accentuate and augment luminosity all throughout. Some large moveable wooden panels hanging from the ceiling with lights incorporated, are placed in front of the large windows. They chose to use industrial elements, which are more durable, first-rate materials like fine wood, and light fixtures that assure good artificial illumination, in the work areas and in the warehouses.

Order, symmetry and light are what are truly most prominent in this space. They are omnipresent and are indispensible in getting the most from the available space. Meticulous placement and design are rewarded and the architectural solutions and decorative recourses manage to endow it throughout with fluidity. Shrewd planning, homogeneity and a moderate combination of proposals, are the key to success in this restrained, efficient and functional space.

**Architect:** Audrey Matlock
**Photography:** Catherine Tighe
**Location:** New York, US
**Date of construction:** 2001
**Area:** 15,000 sq. ft.

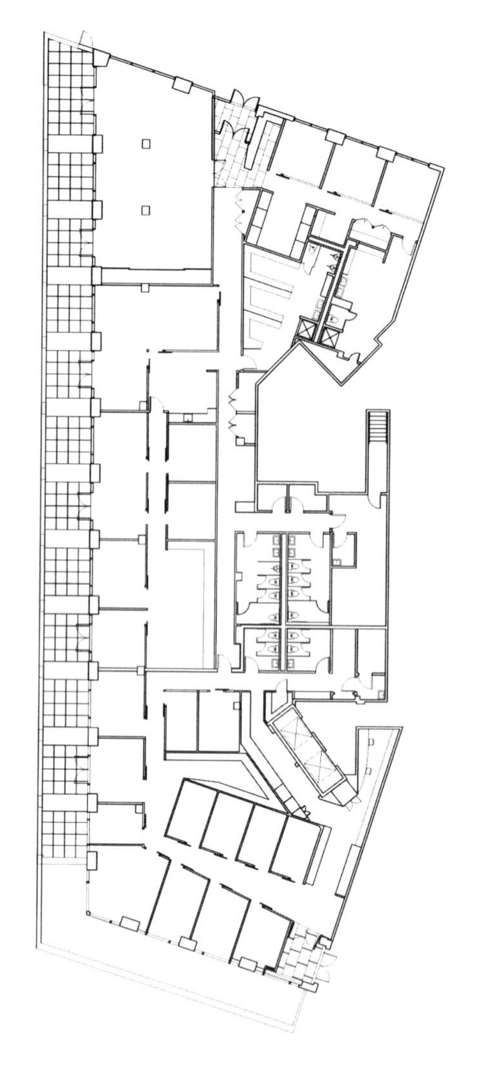


Planta

**Plan**

Como si del office de una vivienda se tratara, se ha habilitado un área de descanso que los trabajadores pueden utilizar de cocina y comedor. En ella el blanco, el mármol y el acero son los protagonistas.

**As if it were the kitchen in a private home, there is a well-equipped kitchen, dining room and rest area for the staff.**

# DBB Forum Karl-Heinz Schommer

Las nuevas instalaciones de DBB Forum se encuentran en el centro de Berlín, en uno de los más sofisticados y económicamente más dinámicos distritos de la ciudad. Desde el exterior, el edificio se materializa en un imponente y majestuoso volumen de piedra y cristal cuyas líneas recogen el pasado y el presente. La fachada de esta edificación, de trazos depurados, atemporales y perfectamente integrados en el entorno, está dividida en tres secciones. Las numerosas ventanas que la recorren enfatizan sus formas a la vez que otorgan dinamismo al conjunto.

El programa, cuya planta presenta forma de L, se desarrolla en diferentes niveles. Las generosas dimensiones del espacio demandaban una organización interior simple y ordenada que se articula alrededor de un área central. Dejando atrás dos puertas giratorias se accede al vestíbulo, bañado por una increíble cantidad de luz natural gracias a paneles translúcidos. En esta zona se instaló un sofisticado sistema de iluminación: paneles móviles que configuran un falso techo. Este vestíbulo se ha concebido como una plaza pública y es el eje a través del cual se organiza el espacio, ya que es aquí donde nace la escalera que comunica con las diferentes plantas. La transparencia, el dinamismo y el orden también dominan los interiores, que se han proyectado con suma sobriedad y elegancia.

La pureza y la simplicidad de las líneas marcan estos espacios dominados por una cuidada selección de materiales, texturas y una paleta cromática neutra a excepción de las pinceladas de rojo repartidas por los diferentes ambientes. La fuerza visual de este color consigue unificar todo el conjunto al ser el mismo tono que se repite en elementos tan diferentes como puertas, piezas de mobiliario o el mostrador de la recepción.

Se ha conseguido que piezas del más preciado diseño contemporáneo descansen en unos interiores de marcada funcionalidad en los que la reducción de materiales, acabados y elementos decorativos consiguen unidad compositiva.

**Arquitecto:** Karl-Heinz Schommer
**Fotógrafo:** Thomas Riehle (Arthur photo)
**Ubicación:** Berlín, Alemania
**Fecha de construcción:** 2001

# Karl-Heinz Schommer DBB Forum

The new premises for DBB Forum are located in the center of Berlin in one of the most sophisticated and economically dynamic areas of the city. From the outside we perceive an imposing and majestic glass and stone volume, with styling from both the past and the present. The façade, of refined and timeless lines and perfectly integrated into the setting, is divided into three sections. The numerous windows accentuate the forms and confer dynamism to the whole.

The design calls for an L-shaped floor plan and has different facets to it. The generous dimensions of the space called for a simple and ordered interior organization which is articulated around a central area. Through revolving doors we enter into the lobby flooded with an incredible amount of natural light, thanks to the translucent panels. In moveable panels that form a false ceiling, a sophisticated lighting system is installed. Conceived as a public plaza, the lobby is the axis through which the space is organized, as the stairs that communicate the different floors, rise up from here. The interiors are designed with utmost sobriety and elegance, as transparency, dynamism and order take prominence.

The purity and simplicity of the lines characterize these spaces. The materials and textures were carefully selected, and the chromatic palette is neutral except for the touches of red that dot the different ambiences. The visual strength of this color manages to unify the ensemble, as it appears repeatedly in elements as diverse as doors, furniture or in the reception counter.

Highly valued contemporary design pieces are placed in interiors of a decidedly marked functional character. Compositional unity is achieved thanks to restraint in the number of materials, finishes and decorative elements used.

**Architect:** Karl-Heinz Schommer
**Photography:** Thomas Riehle (Arthur photo)
**Location:** Berlin, Germany
**Date of construction:** 2001

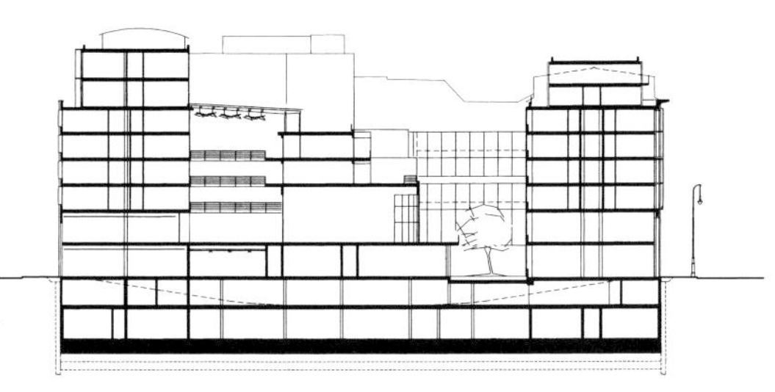

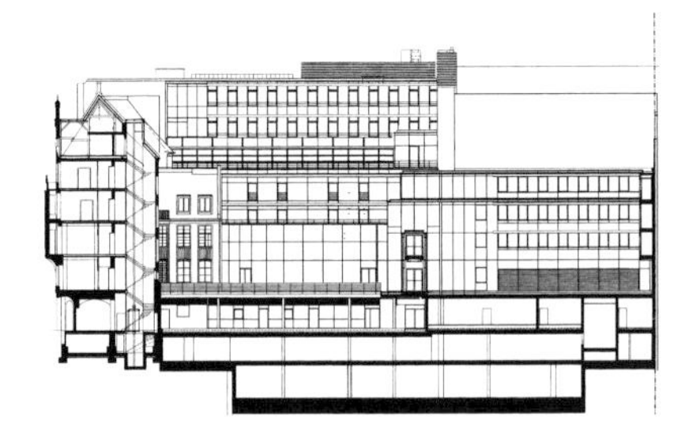

Secciones

**Sections**

0 4 8

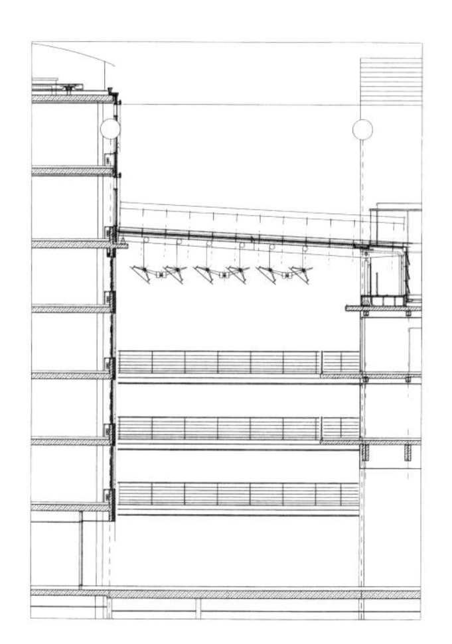

Sección a través del patio

**Section through the patio**

0 2 4

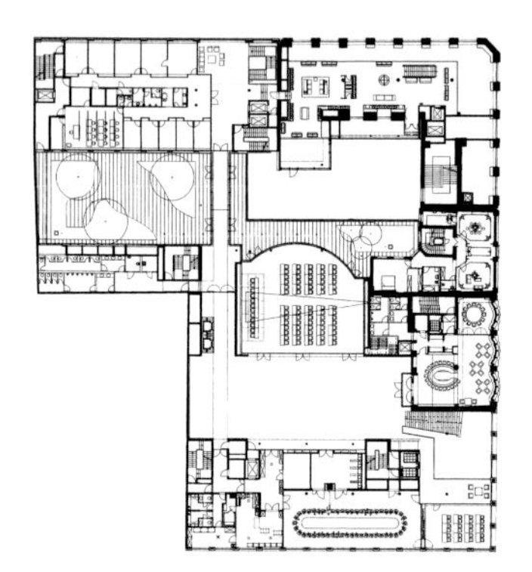

Planta baja

**Ground floor**

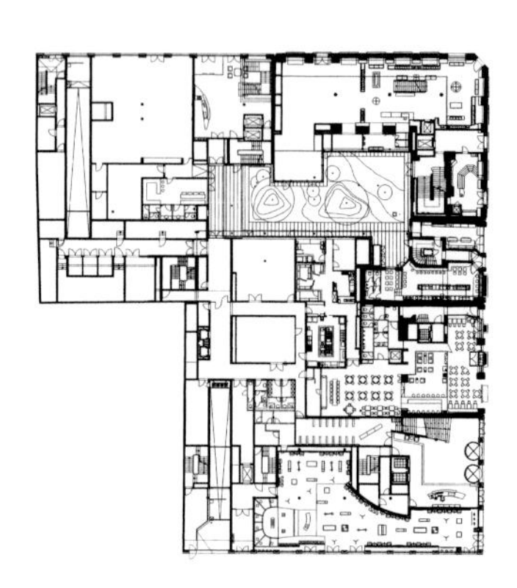

Primer piso

**Second floor**

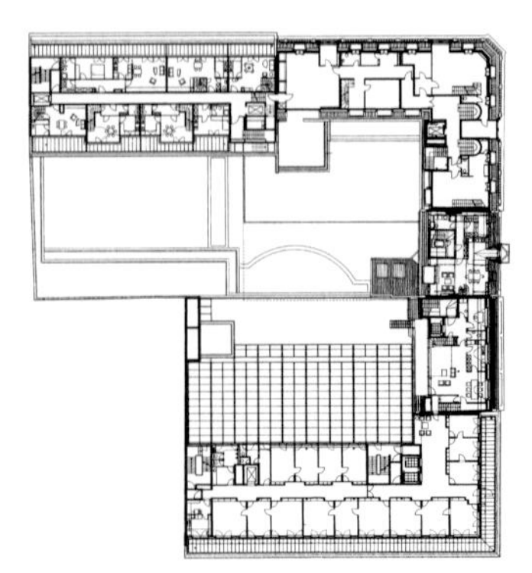

Segundo piso

**Third floor**

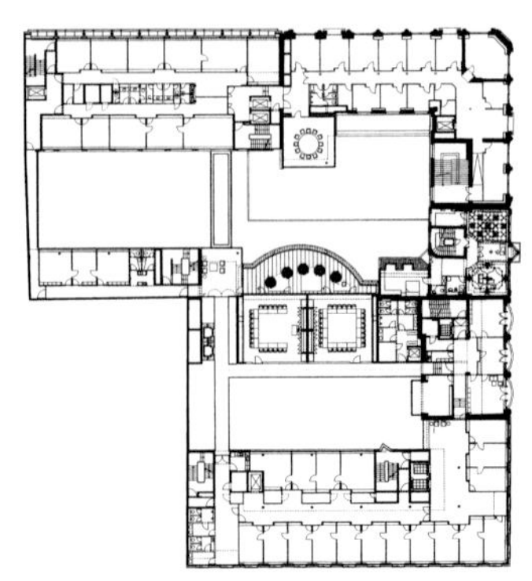

Tercer piso

**Fourth floor**

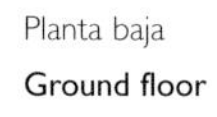

La rigidez de las formas geométricas y la frialdad de los perfiles metálicos de las ventanas y el cristal se compensa con la calidez de la madera y la intensidad del rojo de las sillas. Una combinación acertada y eficaz.

**The rigidity of the geometric forms and the coldness of the metal window frames, is balanced by the warmth of the wood and the intensity of the red of the chairs. It is a successful and efficient combination.**

# Laboratorios Roche

Antonini Fervenza Hall Schon
Schon Zemborain Arquitectos

En el momento de afrontar el diseño de la nueva sede para estas oficinas los objetivos eran claros: la nueva construcción debía concentrar todas las operaciones administrativas en un único edificio rodeado, además, de un entorno capaz aunar, por un lado, la mayor eficacia posible y, por otro, el bienestar de sus usuarios. Con estos condicionantes se concibió un programa eficaz que preveía superficies flexibles capaces de acoger los diferentes sectores de la organización y una serie de espacios de uso común destinados a salas de reunión, recreación y servicios varios.
Las oficinas se distribuyeron en dos cuerpos paralelos de 100 m de largo y 12 m de ancho cada uno que cuentan con dos niveles en su lado norte y tres en su extremo sur. Ambos volúmenes se articulan con zonas comunes que ocupan el cuerpo central. Este espacio se convierte, gracias a las calles longitudinales de circulación que posee, en eje vertebrador y corazón del edificio.
Otra de las demandas del cliente era levantar el edificio en un tiempo récord –no debían superarse los diez meses–. Esto obligó a fabricar simultáneamente en diferentes talleres las estructuras de hormigón premoldeado y acero, los cerramientos exteriores e interiores, la cubierta y las instalaciones técnicas.
Para conseguir un control de la luz solar efectivo y optimizar el funcionamiento de los equipos de climatización, se diseñó una segunda fachada de aluminio perforado concebida para servir de parasol en el aislamiento de las fachadas de vidrio. La iluminación, tanto interior como exterior, se regula desde una central de tecnología inteligente que la controla en función de la cantidad de luz natural disponible. El sistema aire acondicionado funciona de manera muy similar, según sean condiciones exteriores de temperatura y radiación solar sobre el edificio.

**Arquitectos:** Antonini Fervenza Schon Schon Zemborain Arquitectos
**Fotógrafo:** Daniela MacAddew
**Ubicación:** Buenos Aires, Argentina
**Fecha de construcción:** 2001

# Roche Laboratories

Antonini Fervenza Hall Schon
Schon Zemborain Arquitectos

The premise for the new construction was that the building would have to house all of the administrative operations in an atmosphere of the greatest possible efficiency, but also which afforded the utmost well-being to the employees. With these conditioning factors in mind, the design called for flexible surfaces to house the different sectors of the organization, and common areas to be used for meeting rooms, relaxation and diverse services.
The offices are made up of two parallel bodies that are each 330 feet long by 40 feet wide. The one on the north side has two floors whereas, the other has three. Both volumes are articulated with common areas which occupy the central body. The longitudinal corridors therein, make this space the backbone and heart of the edifice.
Another prerequisite was that the project need be completed in record time (no longer than ten months). This necessitated that the precast concrete and steel structures, the interior and exterior enclosures, the roof and the technical installations, be fabricated simultaneously in different workshops.
To control the amount of sunlight coming in and to optimize the air-conditioning and heating systems, a second façade covering the first, was incorporated into the design. Made of perforated aluminum, it acts as a parasol to insulate the glass façades beneath it. An intelligent main central unit regulates both the interior and exterior illumination, which functions in conjunction with the amount of natural light available at any given moment. An intelligent main central climate control system works in similar way, as it takes into account the exterior temperature and solar radiation on the edifice.

**Architect:** Antonini Fervenza Schon Schon Zemborain Arquitectos
**Photography:** Daniela MacAddew
**Location:** Buenos Aires, Argentina
**Date of construction:** 2001

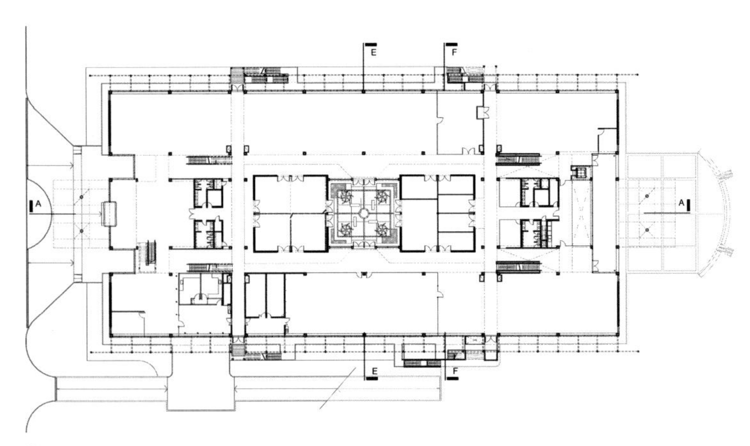

Planta baja

**Ground floor**

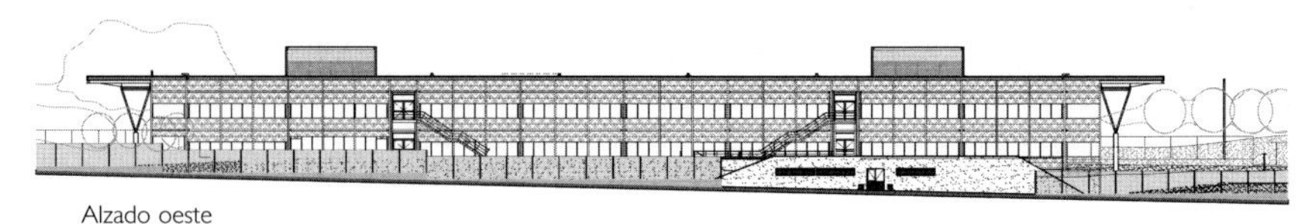

Alzado oeste

**West elevation**

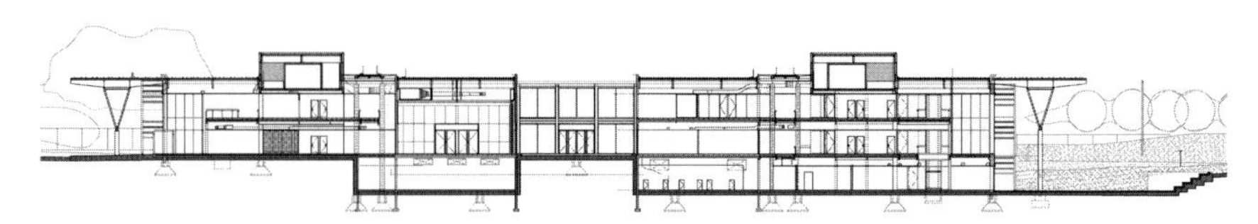

Sección longitudinal

**Longitudinal section**

0 4 8

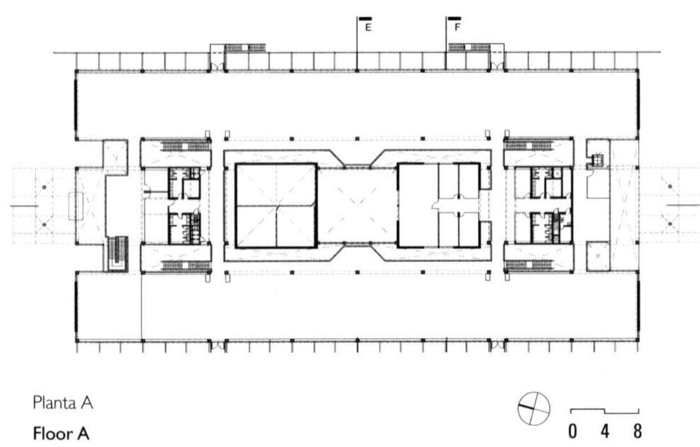

Planta A

**Floor A**

0 4 8

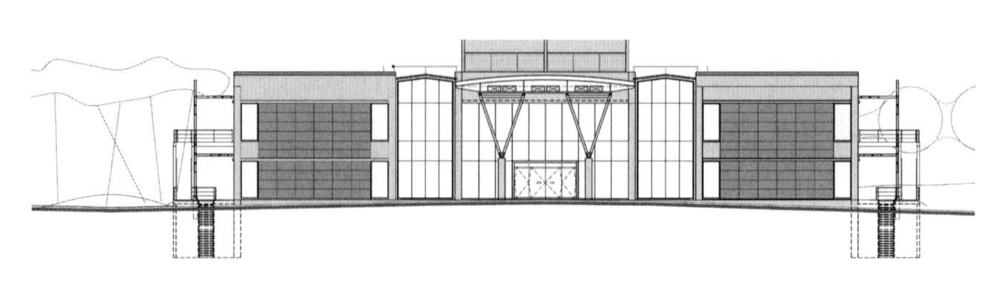

Fachada norte

**North elevation**

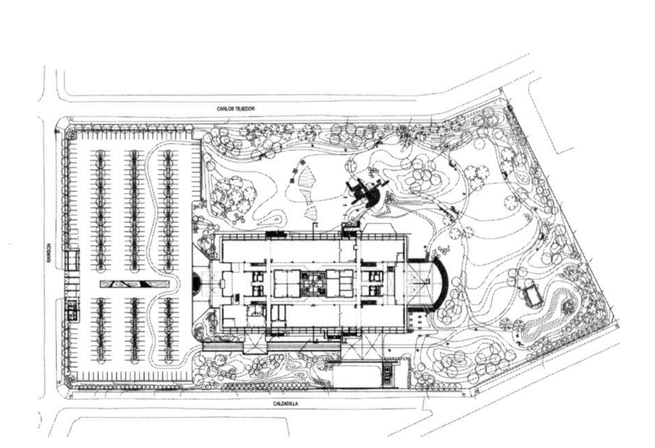

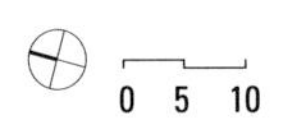

Planta de situación

**Site plan**

0 5 10

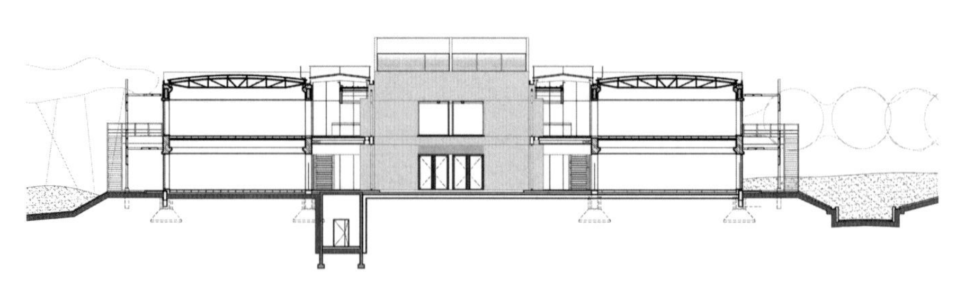

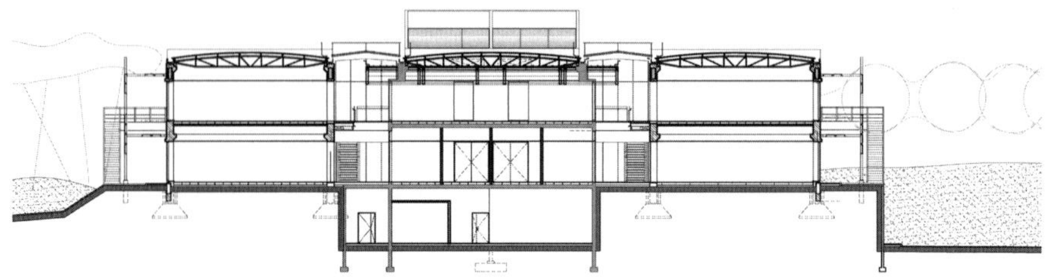

Secciones

**Sections**

0 2 4

# Montse ...tse ...tse Stefano Colli

Este centro de estética se encuentra situado en un edificio de nueva construcción que hace esquina. El enclave y la considerable altura del espacio eran dos condicionantes a los que el programa debía hacer frente. La búsqueda de valores asociables a la actividad fue uno de los principales argumentos a la hora de proponer las ideas que más tarde se materializarían en el espacio. Naturaleza, relajación, frescura, salud, descanso y, por supuesto, belleza. Transformar todos estos conceptos en una realidad palpable se consiguió con la elección de los materiales: se emplean piedra, mosaico, madera, juegos cromáticos e incluso sugerentes imágenes fotográficas de gran formato. Todos estos elementos se encargan de plasmar, representar y comunicar un mundo rico en sensaciones.
Los interiores se han cuidado para proponer un lugar en el que sea fácil abandonarse y lograr la tranquilidad. La personalidad del ambiente se intuye desde el exterior, ya que se han aprovechado los escaparates para rotular textos de vinilo recortado en los que de manera repetitiva aparecen los servicios que se ofrecen. El recurso convierte estas grandes superficies transparentes en singulares texturas tipográficas.
Al entrar, una gran imagen fotográfica impresa digitalmente sobre vinilo adhesivo en la que se muestra un sereno y relajante cielo azul con nubes ocupa una de las paredes del espacio. En el lado opuesto de la estancia, un espacio destinado a reuniones con proveedores y a venta de cosméticos acoge una mesa redonda, unas sillas de escueto perfil y livianos estantes de cristal que confieren protagonismo a los productos en ellos depositados. Aprovechando un rincón, se ha creado un atractivo y visual espacio en el que un espejo empotrado en la pared e iluminación integrada se convierten en los protagonistas junto a las sinuosas, anaranjadas y reconocibles formas de la silla Panton.

**Arquitecto:** Stefano Colli
**Fotógrafo:** José Luis Hausmann
**Ubicación:** Sant Feliu de Codines, Barcelona, España
**Fecha de construcción:** 2002

# Stefano Colli Montse ...tse ...tse

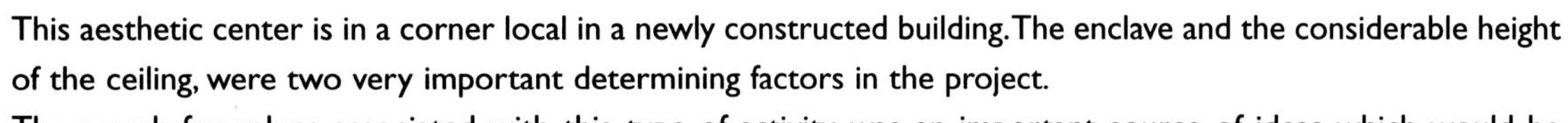

This aesthetic center is in a corner local in a newly constructed building. The enclave and the considerable height of the ceiling, were two very important determining factors in the project.
The search for values associated with this type of activity, was an important source of ideas which would be materialized in the space. Thus, the concepts of nature, relaxation, freshness, health, rest and of course, beauty, were transformed into a tangible reality. To do this, they made use of stone, mosaics, wood, chromatic interplays and even evocative large format photographic images. All of these elements are brought together to represent, communicate and give expression to a world rich in sensations.
The well-designed interiors provide a place where it is easy to "let your hair down", so to speak, and to achieve tranquility. From the outside we can perceive the character of the ambience. The services on offer are repeatedly announced in vinyl lettering, stuck onto the display window. Thus, these large transparent surfaces are converted into singular typographical textures.
On entering, on one of the walls, we come face to face with a photographic image printed digitally onto vinyl, which shows a serene and relaxing blue sky with clouds. On the opposite side of the room, there is a space reserved for meeting with suppliers and for selling cosmetics. Here, we find a round table, some chairs with a simple profile and a set of light glass shelves which allow the products on display to stand out. To take advantage of a corner, an attractive visual space was created. Here, the built-in wall mirror and built-in lighting, together with the curving orangish and unmistakable shape of a Panton chair, take center stage.

**Architect:** Stefano Colli
**Photography:** José Luis Hausmann
**Location:** Sant Feliu de Codines, Barcelona, Spain
**Date of construction:** 2002

La intervención ha conseguido plasmar con formas, materiales, texturas y colores los conceptos que rigen la idea del local. Las soluciones empleadas, tanto constructivas como estéticas, se encargan de dibujar unos interiores dinámicos, flexibles, vanguardistas y funcionales que son todo un lujo para los sentidos.

**By way of the forms, materials, textures and colors, the project manages to give expression to the concepts on which the aesthetic center is based. Both the construction and the aesthetic solutions used, afford dynamic, flexible avant-garde and functional interiors which are a luxury for the senses.**

# Vitra Gehry Partners LLP

La sede de esta firma demuestra una vez más del talento creativo de Frank O. Gehry. Sus contundentes y particulares trazos son una vuelta de tuerca más a las tradicionales formas imposibles que han consagrado a este profesional en el oficio de la arquitectura. El edificio en el que se instala Vitra tiene 6.200 m² y forma parte de la primera fase de un plan más complejo. Sus necesidades funcionales han guiado la organización y el desarrollo del proyecto. Por un lado, el edificio debía contener espacios destinados al uso administrativo y, por otro, debía incluir toda la zona destinada a producción y fabricación. Así, se diseñaron dos volúmenes diferenciados, perfectamente integrados y comunicados.
El complejo se encuentra rodeado de otras oficinas y viviendas con jardines, además de limitar al este con una densa reserva forestal que visualmente circunscribe el espacio y físicamente lo delimita. Desde un punto de vista formal, el edificio es un espacio polivalente y multidisciplinar, preparado para acoger a diferentes grupos de trabajadores. La organización espacial y el diseño de los interiores debía responder a la demanda de investigar y experimentar, ya que la empresa se dedica al diseño y la producción de piezas de mobiliario.
Las oficinas, por su parte, también debían ser entendidas como "show rooms" en los que pudieran exponerse los modelos, por lo que el espacio debía constituir un área neutra. El resultado de todos estos requisitos es una edificación vanguardista y funcional, alejada de las reconocibles formas que caracterizan a las oficinas más tradicionales. Las instalaciones cuentan con áreas comunes –recepción, cafetería, despachos, sala de reuniones y conferencias–, todos ellos espacios centralizados, lo que permite una futura expansión de las oficinas alrededor de esta zona.

**Arquitectos:** Gehry Partners LLP
**Fotógrafo:** Thomas Mayer
**Ubicación:** Birsfelden, Basilea, Suiza
**Fecha de construcción:** 1994
**Superficie:** 6.200 m²

# Gehry Partners LLP Vitra

The project consists of the design of the headquarters of this firm, which once again demonstrates the creative talent of Frank O. Gehry. With these striking forms and singular design he goes forward yet one step more in the direction of impossible forms, which has established his unique reputation as an architect. Vitra was established in a 66,000 square feet building, which represents the first phase of a more complex plan. Functional necessities determined the organization and development of the project. On the one hand, the building would house spaces for administrative use, and on the other, spaces for all of the production and manufacturing. Consequently, two differentiated volumes, but perfectly integrated and communicated, were projected.
The complex is surrounded by other offices and residential buildings with gardens. Furthermore, it is delimited to the east by a thick forest reserve, which visually circumscribes it and physically delimits it. From a formal point of view, it is a versatile and multidisciplinary space equipped to receive different types of workers. The spatial organization and the design of the interiors needed to respond well to the need to research and experiment, as it is a company which specializes in designing and manufacturing furniture.
The offices also serve as show rooms for displaying the furniture models. Therefore, the space needed to be neutral in nature. Thus, we are afforded an avant-garde and functional edifice very dissimilar from the forms that characterize more traditional offices. The offices have common areas for reception, a cafeteria, offices, and meeting and conference rooms. These are centralized spaces so that they will allow for future expansion of the premises around them.

**Architects:** Gehry PArtners LLP
**Photography:** Thomas Mayer
**Location:** Birsfelden, Basel, Switzerland
**Date of construction:** 1994
**Area:** 66,600 sq. ft.

La organización y decoración de los interiores se ha cuidado al máximo. Piezas de mobiliario contemporáneo y funcional se reparten un espacio al que se concede una especial importancia a la iluminación, tanto natural como artificial. La luz se manipula hasta conseguir atractivos juegos de luces y sombras.

**Utmost care was taken in the organization and decoration of the interiors. Contemporary and functional pieces of furniture are placed throughout. The lighting, both natural and artificial, is afforded great importance. An attractive interplay of lights and shadows is achieved by manipulating the light.**

# Helbling Technik Munich Hemmi Fayet

Los responsables de este proyecto han ideado un espacio multifuncional, diáfano y luminoso que tiene en el orden y la austeridad sus principales protagonistas. La estructura arquitectónica que dibuja los interiores se ha pintado por completo de inmaculado blanco, una solución que además de ampliar visualmente el espacio se encarga de hacer rebotar la luz para que llegue a todos los rincones. Esta ausencia de color contrasta con la oscuridad de algunas piezas de mobiliario y con los colores de los paneles de vidrio de las puertas. Los arquitectos se recrean inspirándose en las pinturas de Mondrian y juegan a ocultar y mostrar el espacio.

El programa se desarrolla en una sola planta no demasiado regular. La distribución aplicada –las diferentes áreas funcionales de la empresa se suceden de manera natural y sin interferencias– ha conseguido un espacio ordenado en el que todo está en su lugar y donde es imposible el caos. Una gran zona diáfana y abierta, tratada como si fuera un loft, acoge las áreas de trabajo. A un lado se aprecia toda una hilera de ventanales –que se aprovecha para situar las mesas– a la que corren paralelas las salas de reuniones y los despachos. La comunicación entre estos dos ambientes es fluida ya que los muros se han sustituido por paredes semitransparentes de cristal y puertas que combinan diferentes colores. Otra de las áreas se ha tratado con el recurso de acristalar sus paredes con paneles translúcidos que se cubren con estores móviles sujetados con un sistema de guías que van de suelo a techo y combinan diversos colores. Esta alternancia cromática –rojo, verde y azul– así como la moqueta azul que reviste el suelo de este lugar otorgan gran dinamismo y frescura al ambiente.

Aires pop y atrevidos a la vez que austeros para unos interiores cargados de fuerza y personalidad en los que se consigue generar un singular juego visual que hace realidad una oficina vanguardista e imaginativa.

**Arquitecto:** Hemmi Fayet
**Fotógrafo:** Hannes Henz
**Ubicación:** Munich, Alemania
**Fecha de construcción:** 1999-2000

# Hemmi Fayet Helbling Technik Münich

The architects projected a multifunctional, diaphanous and luminous space where order and austerity come to the forefront. The interiors are completely painted with pure white which, apart from making the space appear larger, makes the light be reflected and thus reaches each and every corner. This absence of color contrasts with the dark color of some of the furniture and the colors of the glass panels of the doors. The inspiration stems from Mondrian paintings and the designers play a kind of show-hide game with the space.

The design is carried out on a floor plan which is not very regular. The distribution—the different functional areas of the company unfold in a natural way without obstacles—affords an ordered space where everything is in its place and chaos is impossible. A large diaphanous and open zone, as if it were a loft, houses the work area. The tables are placed along one of the walls to take advantage of the line of windows there. Parallel to this, successively placed, are the offices and meeting rooms. Communication between the two ambiences is fluid as the walls were replaced by semitransparent glass partitions and doors, which combine different colors. Another area also makes use of glass walls. Here, the walls are made of translucent panels which are covered with floor to ceiling shades, combining many different colors, which can be raised or lowered. This chromatic variety—red, green and blue—plus the blue carpeting covering the floor, endows the atmosphere with great dynamism and freshness.

Daring proposals and a touch of pop, while at the same time being austere, are combined with interiors that are full of personality and strength. A singular visual interplay becomes reality in this avant-garde and imaginative office.

**Architect:** Hemmi Fayet
**Photography:** Hannes Henz
**Location:** Münich, Germany
**Date of construction:** 1999-2000

Unos interiores inspirados y vanguardistas consiguen romper con la imagen convencional de la oficina y dibujan un espacio vital, fresco y alegre que no está reñido con la funcionalidad.

**Inspired and avant-garde interiors break with the conventional idea of an office. They afford us a fresh and cheerful space full of vitality, yet not at odds with funcionality.**

Las salas de reuniones quedan en el interior de volúmenes que se enmarcan en el amplio espacio principal como si de cubos se tratara. Para no cerrar visualmente estas zonas se emplean como recurso paredes de cristal, que agrandan el espacio y aprovechan sobremanera la luz natural.

**The meeting rooms are housed in volumes which are inside of the expansive main space, and afford the impression of being cubes. So as to not visually close off these zones, they resorted to glass walls which make the space seem larger, and take utmost advantage of the natural light.**

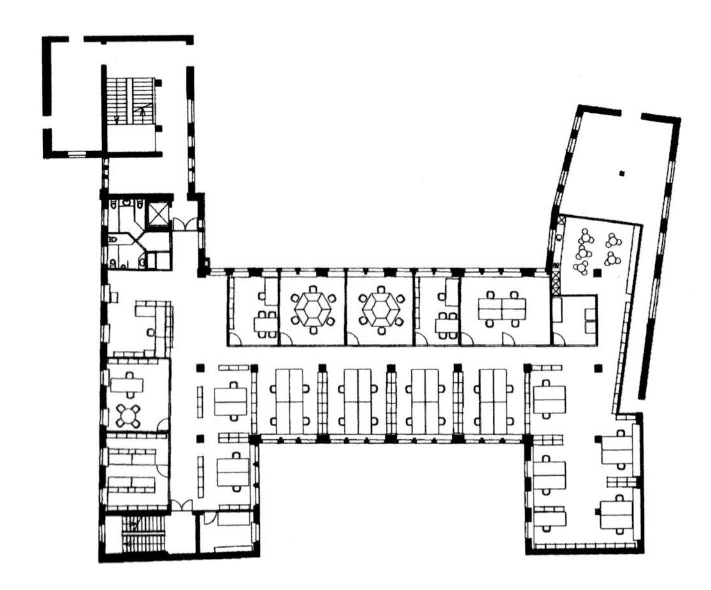


Planta

**Plan**

place to win

LA SPOSA

# Otros títulos de la editorial **Other titles by the publisher**

La Fundición, 15 Polígono Industrial Santa Ana 28529 Rivas-Vaciamadrid Madrid Tel. 34 91 666 50 01 Fax 34 91 301 26 83 asppan@asppan.com www.onlybook.com

Arquitectura de casas
Spectacular Houses
ISBN: (E/GB) 84-89439-18-4

Pubs
ISBN: (E) 84-89439-68-0

Refugios junto al mar
ISBN: (E) 84-89439-99-0

Del minimalismo al maximalismo/
Do minimalisnmo ao maximalismo
ISBN: (E/P) 84-89439-76-1

Piscinas
ISBN: (E) 84-89439-31-1

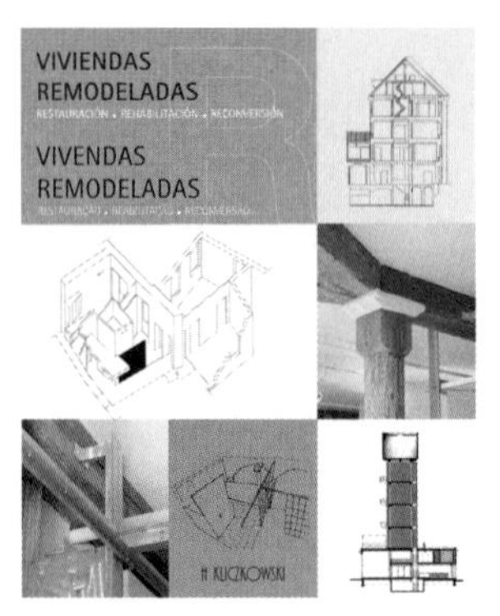


Viviendas remodeladas/
Viviendas remodeladas
ISBN: (E/P) 84-89439-99-0

Cocinas y baños
ISBN: (E) 84-89439-19-2

Lofts
ISBN: (E) 84-89439-27-3

Casas en el campo
Country Homes
ISBN: (E) 84-89439-34-6
ISBN: (GB) 84-89439-35-4

Hoteles exclusivos
ISBN: (E) 84-89439-73-7

Del Atlántico al Pacífico/
Do Atlântico ao Pacífico
ISBN: (E/P) 84-89439-98-2

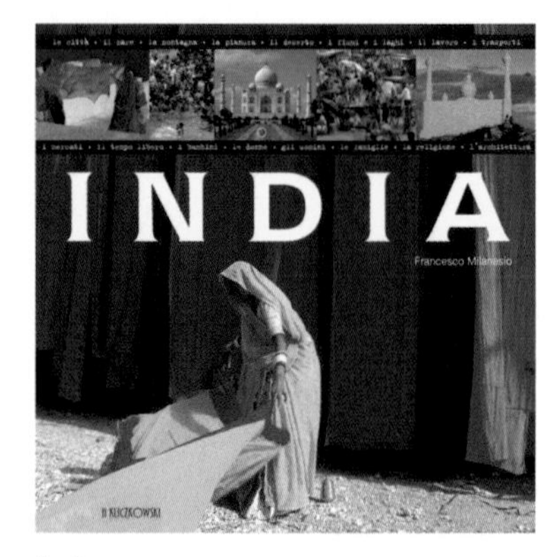


India
ISBN: (E) 84-96048-15-2

E: texto en español GB: texto en inglés IT: texto en italiano D: texto en alemán P: texto en portugués J: texto en japonés